商道洪江

朱千华 等 撰稿

黄文胜 马宏杰 主编

中国旅游出版社

责任编辑：林昱辰　李志忠
封面设计：图阅社

图书在版编目（ＣＩＰ）数据

商道洪江 / 朱千华等撰稿；黄文胜，马宏杰主编 .
北京：中国旅游出版社，2024.9. -- ISBN 978-7-5032-
7409-1

Ⅰ . F729

中国国家版本馆 CIP 数据核字第 2024P96U99 号

书　　名：商道洪江

作　　者：朱千华　等　撰稿
　　　　　黄文胜　马宏杰　主编
出版发行：中国旅游出版社
　　　　　（北京静安东里 6 号　邮编：100028）
　　　　　http://www.cttp.net.cn E-mail:cttp@mct.gov.cn
　　　　　营销中心电话：010-57377103，010-57377106
　　　　　读者服务部电话：010-57377107
排　　版：北京图阅盛世文化传媒有限公司
印　　刷：北京地大彩印有限公司
版　　次：2024 年 9 月第 1 版　2024 年 9 月第 1 次印刷
开　　本：787 毫米 × 1092 毫米　1/16
印　　张：13.5
字　　数：213 千字
定　　价：120.00 元
ＩＳＢＮ　978-7-5032-7409-1

编　写　组

顾　　　问：刘晓明　王　勇　杨健桃　陈自富
主　　　编：黄文胜　马宏杰
撰　　　稿：朱千华　等
副　主　编：王承当　肖　军
编　　　辑：匡经伟　袁春华　陈妍岚
图　　　片：黄文胜　方　向　龙继明　卓　雅　朱建勤
　　　　　　胡光塾　李冬和　易敬军　沈　忠　周大鸣
　　　　　　朱达生　郭承皓　范　洪　李　钢　冯海峻
　　　　　　尹　忠　刘　军　等

目录 Contents

序   001

概　述   005

第一章   五溪福地　洪江的山川形胜   031

第二章   湘黔水道　伐木扎排下洪江   041

第三章   洪江商城　地处五溪蛮地的传奇之城   057

第四章   白手起家　一个包袱一把伞，跑到洪江当老板   069

第五章   洪油之光　洪商点亮的创新灯火   079

第六章   吃亏是福　洪商豁达的经营哲学   089

第七章   重义轻利　洪商朴素的人文情怀   095

第八章   同舟共济　洪商的互助共赢精神   103

第 九 章　　鱼龙变化 商海沉浮与人生警醒　　　　　　113

第 十 章　　方圆之道 处世与经商之道　　　　　　　　119

第十一章　　里仁为美 睦邻友好与和谐共生　　　　　　127

第十二章　　福泽乡梓 洪商的孝道与桑梓情　　　　　　139

第十三章　　兴学重教 从封建时代到现代社会　　　　　145

第十四章　　诚实守信 洪商的百年承诺　　　　　　　　159

第十五章　　现实如梦 洪江的烟土与戏台　　　　　　　167

第十六章　　天人合一 万家灯火与和谐共生　　　　　　173

第十七章　　家国情怀 洪商的爱国之情和社会担当　　　181

第十八章　　兼容并蓄 洪商的开放与包容　　　　　　　187

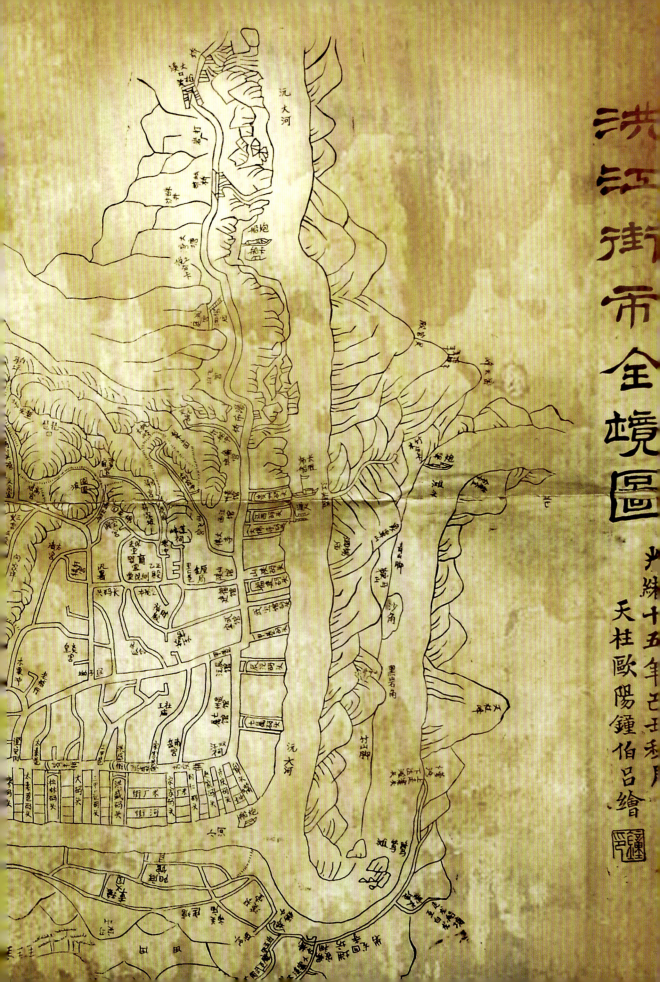

序

　　"由辰溪大河上行，便到洪江。洪江是湘西中心，市区在两水汇流的一个三角形地带，三面临水，通常有'小重庆'称呼"。我认识洪江，最初是从沈从文的《湘西》开始的，当时，便内心有所向往。2022 年 1 月，组织上委派我来洪江工作，让我有了机会去深入地发现它、了解它，近距离耳闻目睹之后，我对它的印象也渐渐清晰起来。

　　洪江，似一幅美丽的山水画卷，大自然似乎特别眷顾，这里地方不大，却将奇山、秀水、古城一股脑儿都揽入怀中。从黔阳古城沿着沅江驱车而行，一入洪江地界，山水风景忽然让人眼前一亮，仿若入了"小三峡"胜境；夹岸群山耸峙，苍翠欲滴，宛如一颗颗玛瑙镶嵌于如带如练的沅江之上；阳光直射而下，千里碧波荡漾，万点金光闪耀。秋冬之季，"湘西第一山"——嵩云山不时给人带来惊喜，早上六七点钟登临山巅，映入眼帘的竟是一片白云的世界，将远山裹了个严严实实，时间在这里仿佛凝固了一般。转瞬间，风起云涌，白云如海浪拍打礁石，向群山发出了最深情的呼唤，潮落又潮起，几经衍回，最终化身为一群群野马，沿着巫水河向上游方向奔腾而去。天际顷刻放亮，一轮滚烫的红日如火球般抖动着蒸腾而起，将天空都染透成一片金黄。刚刚还隐藏于云层底下的古城和远处的"河山太极"，又露出了平日的勃勃生机。云卷云舒，去留无意，难怪乎清代的当地文人唐舜驻足嵩云之巅时，也被眼前的风云变幻所震撼，发出了"高踞雄溪标胜概，乾坤无处不玲珑"的感慨。傍晚时分，临江远瞻，则又是一幅霞光漫天、渔舟唱晚的景象，北宋词人王以宁靖州省亲，特意在此泊舟，写下"起看船头蜀锦张，沙汀红叶舞斜阳"的佳句。过去江面上帆樯云聚、百舸争流的场景随着时代的变迁早已悄然远去，但依稀还能听到那节拍紧凑、慷慨激昂的排工号子在身边回荡。洪江山川之美，甚至能慰藉心灵，明代著名诗人管讷追随楚王征讨古州蛮，道经洪江时，亦为当地景色吸引，产生了"此地如能隐，尘烦或我逃"的美好愿望。

洪江，是一个充满传奇的地方。洪江地处沅水上游雪峰山区之五溪蛮地，当滇黔孔道、七省通衢，自古为水上丝绸之路的重要节点，是一个以商为纽带，与西南地区苗、侗、瑶各族融合发展的桥头堡，是当地各族人民走出山区、联系外部的窗口。百业汇聚，万商云集，至今还吟唱着"一个包袱一把伞，跑到洪江当老板"的创业传奇。明清以来，华夏各地商帮咸聚于此，至康乾盛世，洪江商埠迅速崛起，形成了"五府十八帮"，成为"西南大都会"，与沅陵、常德并称"沅水三镇"。清末民初，洪江现代金融、邮政、工业等遥遥领先，沅水上游区域，更是开怀化电力工业之先河。至抗日战争前夕，弹丸之地的洪江已发展成为湘西的中心，跻身湖南八大重要城市和商埠之列，"舟航所聚，万货填充，百工毕集，商贾辐辏，每年现金出入经过不啻数千万，故金融极形活泼，商务异常繁盛"，货币流通量独步湘西，在全省仅次于省会长沙，素称"小重庆""小南京"。洪江古商城以其丰富的历史文化遗存，被誉为"中华商业故宫"。洪江"源于水，兴于商"，跨越千年，在五溪大地创造了商业发展的奇迹，并形成了底蕴十分深厚的商道文化，其优秀部分的核心要义可概括为"重义轻利的诚信坚守、敢为人先的创新追求、和谐共生的发展理念、心忧天下的家国情怀"。尤其是晚清一品洪江商人张书提出了"财者，天下之公物，非一己所得私，天之厚我，假我以利人"的财富理念，并身体力行，知行合一，获得官方和民间的高度认同，感召了一代又一代洪江商人，对今人之财富观仍具非常积极的借鉴意义。

洪江，是一座励志前行的城市。新中国成立后，洪江积极开展社会主义改造，商业资本向工业资本过渡，进行产业转型，开办了全省首家公私合营企业——洪江植物油厂。抗美援朝时期，集全民之力，向前线战场捐献战斗机一架、高射炮一门。在计划经济年代，洪江重点发展轻工业，在吸纳"三线工厂"的同时，兴办一大批陶瓷、纺织、化工等企业，成为全省县域经济发展的成功典范，其财政贡献率长期位居怀化各县市之首。世纪交替之际，为适应市场经济发展变化，洪江以"壮士断腕"之魄力开展企业改制，建设全省首批化工园区。近年来，洪江锚定"三高四新"美好蓝图，积极融入"五新四城"建设，励精图治、与时俱进、攻坚克难，深入实施"文旅引领、工业驱动"战略，全力"创5A级景区、建百亿园区"，建设全国知名旅游目的地城市、南方康养休闲度假胜地和绿色低碳发展示范区。洪江人民深得优秀商道文化之精义，关心政务之决策、城市之发展，积极建言献策，并以坚韧不拔之志奋斗在各行各业，不少离乡游子已成为业界精英，其中不乏回乡创业成功人士。深信洪江未来的天空越来越宽广，经济社会发展越来越好。

"路虽远，行则将至；事虽难，做则必成。"挖掘、传承、弘扬优秀传统文化，是建设文化强国、推进中国式现代化建设的重要任务。编撰《商道洪江》，就是为了让更多的人了解洪江、熟悉洪江、热爱洪江，领悟洪江商道文化之精髓，帮助青年人树立正确的价值观、财富观，在奋力建设现代化新洪江的火热实践中实现自己的人生价值，为洪江社会经济发展做出更加突出的贡献。

在《商道洪江》书稿即将付梓之际，因掇数言，以是为序。

中共洪江区工委书记 刘晓明

2024 年 7 月 22 日

概 述

在湘西武陵山、雪峰山之间的怀化市洪江区（原洪江市）境内，沅水与巫水汇合处，镶嵌着一颗璀璨的明珠——洪江古商城。洪江区一面背山，三面环水，东、西、北与洪江市（原黔阳县）交界，南与会同县毗邻。尽管身处群山环抱、沟壑纵横的五溪蛮地，区域狭小，被称为"弹丸黑子"，但它在中国古代、近现代商业史上谱写了浓墨重彩的华章。这里是古湘商的发源地之一，成就了地方商帮的辉煌，尤其是在明末清初至民国期间，因集散西南地区桐油、木材、白蜡、五倍子等特产和东部盐铁、丝绸、棉布、糖酒等商品闻名遐迩，成为中国西南地区的重要商埠和早期内陆开放开发城市，素有"西南大都会""万商渊薮""小南京""小重庆"之美誉。21 世纪初，更是以其丰富的历史文化遗产被学界泰斗罗哲文先生赞誉为"中国第一古商城""资本主义萌芽时期的活化石"。

洪江古商城的形成、发展、繁盛，是"天时、地利、人和"相辅相成的必然结果。它地处沅水上游，这一流域早在远古时期就有了商业贸易。20 世纪末，在洪江古商城下游 30 余公里的黔阳县（今洪江市）岔头乡高庙遗址出土了 7800 年前的大量玉器和白陶，这些器物俱非土产，皆贸易而来。1987 年全国第二次文物普查，在今洪江区桂花园乡岩门村的沅水之滨，发掘出一批商周时期陶片，证实 3000 年前洪江古商城一带一直有先民居住。著名民俗专家林河先生在其《寻找失落的中华文明——海上丝绸之路从黔中郡启航》一书称："海上丝绸之路，早在 3000 多年前就已开始，而延续到近世。从成都至西域的海上丝绸之路，主要是避开三峡险滩，通过重庆酉阳、秀山的酉水，进入古黔中郡都府之地沅陵，溯沅水到洪江，再从洪江上贵州，到沅水尽头的清水江，最后换马帮至云南，入缅甸进印度，到达西域各国。"由此可见，洪江在历史上曾是"海上丝绸之路"上的一个重要节点。20 世纪 60 年代初，安徽寿县曾出土国宝级文物鄂君启节，分为车节和舟节。启是鄂（今湖北鄂城）的一位封君，节是楚怀王发给贵族的一种特别通行证，舟节规定了货船经行路线和免税条文。其中舟节的铭文中有"涉江，入湘、沅、澧"等字样，证实在战国时期，楚国货物贸易已涉及包括洪江在内的沅水流域。

遗憾的是，沅水上游毕竟受制于山区自然条件，又处在汉族与西南少数民族的分界线，这种商业贸易态势似乎并未得以延续。秦汉之后直至唐代，地方上虽设立郡县，但普遍施行少数民族自治的羁縻政策，基本保持"苗不出境、汉不入峒"的状态，社会经济相当落后。唐代李吉甫《元和郡县图志》称，洪江所处的叙州"汉为武陵郡无阳县之地，其县人但羁縻而已，溪山阻隔，非人迹所履。又舞阳乌狱万家，皆咬地鼠之肉，能鼻饮。开元户四千九百四十，元和户一千六百五十七"，境内少数民族户数远多于编入正式管理的民户，且未有乡数记载，说明即使到了盛唐，朝廷除了能完全管理州城、县城少量人口外，包括洪江在内的叙州农村施行的仍然是"土人治土"的羁縻制度，仍处在未完全开化的状态，交通阻塞，商贸凋敝。这一时期，唐王朝出台有"诸非州县，不得设市"的官方规定，由于史料的缺乏，不排除地处水路要津的洪江以民间"草市"形式存在的可能。唐末五代，农民起义如雨后春笋，朝廷在五溪地区所设州县尽废，被舒、向、田、杨等几个少数民族大姓豪族控制，归附南楚，马殷政权赐予酋长刺史之职，他们在唐朝叙州、奖州、锦州之地虚立出十几个州，据《中国历史地图》所述，其中，洪江境内就虚立有"云州"。

公元 960 年北宋建立，包括洪江在内的今怀化中南部隶属荆湖北路，保持羁縻制度不变，赐予各路酋长刺史之职，这一现状延续到熙宁年间才得以彻底改变，洪江也始见舆图。宋神宗熙宁之初，原叙州境内的舒氏、向氏、田氏首领因刻薄过度，又互相仇杀，导致当地百姓生活困苦，纷纷要求内附，迫切希望朝廷直管，荆湖北路负责司法的提点刑狱赵鼎和辰州（今沅陵）布衣张翘先后上书朝廷，反映了这一情况。时值王安石变法，朝廷财政形势趋好，王韶将军西北用兵也很顺利，宋神宗与宰相王安石商议，君臣一致认为解决荆湖北路南北江（以辰州东西走向的酉水为界，以南的沅水上游称南江，以北的沅水下游称北江）稳定问题的时机已经成熟，于是派遣重臣章惇以查访荆湖南北路水利、钱粮的身份经略南北江。熙宁五年（1072），章惇开梅山（雪峰山北段），设立新化县、安化县后，实施战略西迁，重点解决南江问题。舒氏、向氏审时度势，将峡州（今安江）、叙州（黔城）、云州（今洪江区）以及怀化等地的土地、人民都交给了朝廷管理，章惇则顺势引兵攻克懿州（今芷江），于熙宁七年（1074）在此建立沅州，管辖范围包括今芷江、鹤城、中方、洪江市、洪江区。据《续资治通鉴长编》记载，是年七月，宋神宗考虑"新疆"稳定问题，打破唐代以来的惯例，下旨给荆湖北路，提出在南江地区的黔、锦、沅江口 3 处设立博易场（即官方在边地开设的交易市场），与边地少数民族开展货物贸易。荆湖北路将圣旨转达给了时任沅州知州谢麟，征求他的意见。谢麟认为设置博易场，与当地少数民族开展贸易，既可平抑物价，又可安抚少数民族，于是迅速将自己的意见上报朝廷，最后得到神宗皇帝批准。洪江古商城位于沅水、巫水汇合处，为沅州境内沅水重要水口，水运便利，顺利成为南江地区博易场。熙宁八年（1075）设立洪江铺（洪江名此始），隶属沅州，驻守兵士，传递公文、飞报军情。洪江铺的设立，不仅在政治、军事上发挥了重要作用，同时也促进了人员的聚集和商贸的流通。熙宁十年（1077），洪江上缴的税收，首次出现在历史文献之中。《宋会要辑稿·食货志·商税》记载："洪江铺，十三贯四百九十八文"，虽然缴纳的金额较小，但真实反映出洪江商业起步阶段的真实状况。元祐五年（1090），洪江铺升格为洪江砦，改属1080年在黔江城基础上新设立的沅州黔阳县，并兴建营垒，驻扎军营，洪江的城市雏形逐步形成。"砦"主要指的是守卫用的栅栏、营垒或军事防御设施，尤指在山地或险要之地建立的防御工事，多以石头垒筑。

　　元代建立之初，由于湘西地区少数民族反抗不断，元王朝未能在湘西建制。至元八年（1271）整个荆湖北路归元后，湘西开始建制。

为加强统治，于元贞三年（1297）置洪江巡检司。这一时期，洪江已成为固定圩场，定期进行集市贸易，并有坐商、行商、摊贩，少数行商进入邻县贸易。宋元时期，洪江商业以定期的集市为主要形式，商人也多为本地人。

明代之前，洪江"苗瑶袭踞"，至明洪武年间，朝廷大规模实施"江西填湖广"移民政策，世居洪江200余年的花瑶、花裤瑶向溆浦、隆回迁徙，多集中到两县交界的"云上花瑶"虎形山一带，江西客籍商人则大量涌入洪江，当地居民结构发生很大变化。"江西填湖广"，系指以江西为主的长江下游人口向中游地区迁徙的移民运动，最早出现于五代，明朝时达到高潮。在明代洪武年间，由于政治和经济的原因，大量江右民系人口迁居到湖广省（今湖南、湖北两省），形成了一次大规模的移民活动。江西填湖广，是一场影响深远的明代移民浪潮，可以说，是洪江商业史上的里程碑事件。江右商帮作为明清时期的重要商帮之一，其商业活动遍及全国各地，在"江西填湖广"的过程中，大量江西人口迁移到湖广地区，其中包括了许多商人。明代中后期，江右商帮开始活跃在洪江及沅水流域，并建同乡会馆"万寿宫"。到康熙十五年（1676）洪江重建万寿宫时，指出"前明故宫，侧于巷隅，庭庑下陋，上雨旁风，无所盖障"，说明万寿宫已经历了至少数十年的岁月洗礼。这一时期，明王朝修建宫殿，在清水江流域采办"皇木"，贵州锦屏境内的"内三江"茅坪、王寨、挂治和黔阳托口设立木市，成为木材集散、运输的重要枢纽，洪江作为这一运输路线的必经之地，自然也因此受益。"其地扼要津，自上流而下者，必于此停舟，自下流而上者，必于此泊岸，故聚而成市。至于缗钱、丝帛、杂货，俱非土产，而百物俱贵，所可常继者，惟鱼、盐两项，市不易肆"，大量的木材运输带动了洪江的商业活动，使洪江的商业氛围日益浓厚。明代洪江外籍迁入和商业兴起，促进了宗教在洪江的发展，境内建起了嵩云庵、大佛寺、回龙寺（又称回龙禅院）。嵩云庵建于洪武年间，大佛寺建于万历五年（1577）。宗教的兴盛，又吸引了众多信徒，洪江的商业氛围愈发浓重。

当然，洪江的商业发展，也非一帆风顺。在明朝末年，南明政权面对清军进攻，组织了多次抵抗。其中，袁宗第、刘体纯部是南明的重要军事力量，曾在湘西与清军展开了多次激战，试图阻止清军的进攻。据《清史稿》记载，在洪江战斗中，由于双方实力悬殊，加上南明军队在战略和战术上的不足，所部沿沅江驻守的 10 寨屯兵终被清军阿哈尼堪、刘之源部击败。据记载，当时洪江"缟毂其间，兵火不绝，几为丘墟"。

清朝建立之后，随着西南地区特别是云贵两省"改土归流"政策的强力推进，苗汉隔绝的状况被彻底打破，宏观营商环境随之得到改善，洪江商业得到较快发展。康熙元年（1662）安徽霍邱人张扶翼任黔阳知县，劝民植桐，以后逐步推广到湘西及贵州各县，至道光二十五年（1845），离张扶翼号召百姓植桐已 183 年，黔阳县教谕黄本骥在《湖南方物志》中写道："洪江为上河油商囤积之地，黔阳最近，所产甚多。国初居民不知此利，康熙元年知县张扶翼谕民种桐，今则各乡遍植，食德无穷。仁者之泽，其普如此，是宜豆俎县庠，俾与桂阳茨充千秋媲美。"张扶翼推动了周边油桐的种植，给桐油生产提供了源源不断的原材料。

康熙年间，因"滩河陡峻，牵挽维劳"，朝廷诏修洪江周边黔阳等县沅江纤道，方便船只通行，并采取税收减免、鼓励经商的政策，促进商贾回流，取得良好效果，市面出现"前有皇华使，鸣钲肃旌旄。后有商贾人，言利争秋毫"的繁华场景。由于商业发展较快，康熙二十六年（1687），引起了朝廷重视，将会同县若水巡检司移驻洪江，管理地方事务。是年，礼部行人司官员徐炯，赴云南宣旨，归途路过洪江时，看到了一个繁华的城市，他在日记中记叙此地"烟火万家，称为巨镇"。这一时期，洪江商人提升工艺，以桐油为原料，成功炼制出具有核心竞争力的拳头产品——洪油，广泛应用于房屋、船舶、家具等领域。产品气味芳香，色泽金黄，虽隆冬而不凝固，因质量上乘，被江浙一带称为"顶红"，深受长江下游各省欢迎，远销上海、镇江、南京等地，销量名列全国内销首位。这一时期，江西、安徽、湖北等省，本省靖州、绥宁、会同、通道以及贵州开泰（今黎平）、锦屏、天柱商人等纷纷懋迁洪江，并建同乡会馆。

　　雍正七年（1729），清王朝强力推进贵州省"改土归流"，在平定清水江苗疆之后，贵州巡抚张广泗从施秉雇用145艘苗船往返洪江，采购盐米、杂粮，沿途经过大小苗寨时，当地"老少男妇聚立江岸，无不惊喜，争来交易，以为见所未见"。总督鄂尔泰、巡抚张广泗从清水江源头都匀开始，疏浚1200里至黔阳（今洪江市黔城镇）。至此，洪江舟楫已遥达常德。据《洪江育婴小识》记载："疏浚清水江，通舟楫、利遄行，导苗船至洪江市盐布，交易粮货，楚粤商艘咸得达镇远城下，民苗大抃，商旅云集。"经过康熙、雍正两朝的治理，洪江逐渐成了湘黔边境最大的桐油加工、转运基地，并发展为当时西南地区最大的木材集散地。早在明洪武三十年（1397）楚王征贵州古州（今榕江）蛮，因道路阻隔，从沅州（芷江）伐木开道二百余里抵达天柱，贵州清水江流域丰富的楠木、杉木资源引起朝廷的重视，将其作为修建皇宫的优质材料，采取土司献木、政府征收、皇商采买等方式取得，但由于交通不便，销路单一，木材销量还较小。后随着清朝前期的"改土归流"和民族融合的推进，清水江流域的整治，长江中下游各省需求的爆发，原来贵州的"内三江"、天柱远口、黔阳托口等木材市场因地理条件所限，其吞吐能力已远远不能满足市场需求了，木商们纷纷将视野转向了地理条件极为优越的洪江。"洪，大水也，沅江至此而始大"。洪江之沅水，上纳巫水、渠水、沅水，至此水量剧增，可以将上游小排扎成大排，顺流运送，降低成本。同时，洪江下游10里，受群山所阻，自然形成"河山太极"地形特征，水流放缓，沅水须反复迂回萦绕，方能出境，故而造就出非常适合船舶、木排停靠的天然良港，境内大湾塘、青山界、回龙湾、萝卜湾等地都成了各地木商的专属排坞。

　　乾隆年间，清水江运输军需物资，朝廷又督兵夫铲石开溶，极大改善了沅水流域的通行条件，使云贵的木材、桐油、中药等特产经洪江中转顺利抵达常德、汉口，通过长江抵达沿海各省。而沿海、沿江

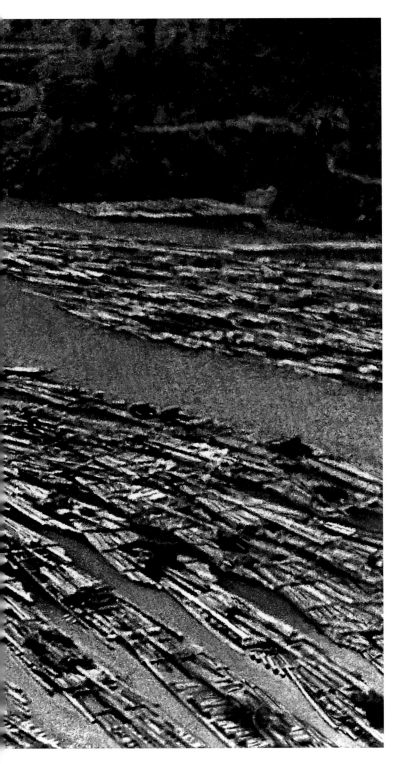

的食盐、铁器、布匹、棉花等，则经洪江集散，运销西南各地。这一时期，大量外地商人进入洪江，湘西的辰州、沅州也有大量商人贸易于此。当时各地商人建造了会馆，规模较大的有：江西会馆、福建会馆、江浙五府会馆、黄州会馆、山陕会馆、辰沅会馆、七属会馆等。

嘉庆年间，洪江商业持续发展，时任靖州州判兼洪江巡检何彤文称："洪市为黔楚水陆总汇，商贾云集、人烟辐辏""小河之东马鞍山山下有市，大河之北为穿岩山口，亦有市。三市鼎峙，唯洪市烟户为最多，总计近万户"。嘉庆《会同县志》记载："洪江集市系州属之总岸""上通滇黔粤蜀，下达荆扬，舟楫往来，商贾辐辏，百物共集，洵边邑之货薮四达之通衢也"。

道光时，文人菊如赴云南省亲，途经此地，称洪江"五方杂处，人烟稠密，仅徽州商人从事洪油经营的就有几家，从事木行者甚

沅江上的木排。湖南省绥宁、城步、会同、靖州及贵州黔东南的锦屏、天柱、黎平等地的木材外运，都要通过巫水及清水江等沅江支流运至洪江。

多。往来商船均于此停靠并置办桅杆、缆绳、口粮等物资"。

咸丰时期爆发太平天国运动，大量移民避居洪江，物价、房租飙升，上涨了数十倍。为筹集军饷，清政府放开烟禁，贵州土药（鸦片）通过洪江集散，成为洪江第三大运销的商品。咸丰五年（1855），清政府在洪江设立厘金局，建厘卡4个，按"每钱一千抽取二三十文上下为率"，收取土药、百货以及川黔茶油、白蜡等货落地厘金，是为湖南省最早设立的厘金机构之一。咸丰十一年（1861），太平军石达开部途经湘西，围攻靖州，攻陷会同县城。清政府派军队重点布防洪江，石达开经托口、黔阳、怀化，入辰溪，商业重镇浦市被攻取、焚烧，从此，其商业地位被洪江取代，出现了"浦市灭而洪江兴"的时谚。至同治三年（1864），洪江积资钜万的商户有张积昌、高灿顺等10余家，成为湘西和整个西南地区最大的商业重镇。

清末，洪江已发展成为"七省通衢""西南大都会"。全市码头、会馆林立，商号密布。沅江、巫水共有沿河码头27个，光绪六年（1880）洪江创办育婴堂时，踊跃捐款的商号就达428个，其中以江西为最，达129个。据靖州知州金蓉镜《靖州乡土志·商务》记载，洪江各商号主要经营大米、小麦、药品、木材、五倍子、茶油、桐油、黄豆、棉花、茶叶、白蜡、食盐、布匹、绸缎、糖斤、烟酒等，其中货物出口以西南地区木材、桐油、土药、白蜡，进口以花布等为大宗。与之配套的金融业也得到快速发展，光绪三十一年（1905），洪江钱庄达21家，资本4.1万元（银圆），发行纸币1.28万元（银圆）。光绪三十四年（1908），设立湖南官钱局洪江分局，有资本金（白银）4万两，主要办理存款、汇兑业务。至宣统三年（1911），洪江已是港口舟楫如林，与常德、湘潭、益阳、津市等地同为湖南重要的商埠，木材年运销量达到40万两码（每两码等于1.2立方米）。

民国时期，洪江继续凭借良好的水运优势，吸引了全国各地、各行业商人，形成"五府十八帮"和十三个行帮，商业有洪油业、木业、特货业（鸦片）、布业、粮食业、油盐南杂业、苏广洋货业、钱业、纸业、衣庄业、首饰业、瓷器业、药材业，其中桐油、木材、布匹、盐、钱5个行业最具实力，又以洪油、木材为核心，有"油木畅、市场旺"之说。当时，洪江有3700余户，总人数3.76万人，以客籍人居多，本地原籍仅占少数。其中从事工商业者3.04万人，占总人口的80.85%。商业的繁盛甚至引起日本政府的觊觎，1922年2月，日本要求将洪江对外开放，民国北洋政府外交部咨商湖南省政府，省政府复函："洪江属腹地，对外开放，有碍主权，不能照办，请外交部加以拒绝"。民国时湖南桐油业产量列全国第二，黔边及湘西沅水上游各县盛产桐油，通汇洪江之后，90% 精炼成"洪油"，据1935年《湖南实业志》记载，1929—1930年，鼎盛时期的洪油厂家有十六七家之多，输出桐油达20万担（每担61千克），值700万元（银圆）。洪油业的发达，带来航运业的发展，据《黔湘水道查勘报告》记载，当时聚集洪江的木帆船511艘，其中大船（载重10吨以上）97艘，中船（载重2.5吨以上）117艘，小船（载重2.5吨以下）297艘，洪江境内一派"帆樯林立、商贾辐辏"的场景，十分壮观。洪江木材多产自洞庭湖以西的清水江、巫水流域，统称"西湖木"，分为苗木、州木、广木、溪木四大类。苗木，产于今贵州黎平、锦屏、天柱等地，沿清水江至于洪江；州木，产于今靖州、通道及其毗连地，沿渠水经托口、黔城至于洪江；广木，产于会同广坪与贵州接壤地域，沿广坪河至渠水，再至于洪江；溪木，产于今城步、绥宁、会同东部一带，沿巫水至于洪江。木材扎成小排，流放到洪江后，无论是收购商或自运者，均须在洪江改编成大排，又称"洪排"，再经沅水运抵常德，远销汉口、南京、上海一带。民国时期湖南的木材贸易十分兴旺，当时木材生产属于民间自发经营，手工作业，生产方式落后，但产量、材质在全国颇具地位。据《湖南实业志》记载，1935年洪江有木商13家，俱系独资经营，资本总额3.3万元（银圆，下同），营业额约68万元，以德大、福顺和、张和顺之资本与营业额为最，均达10万元。第二次鸦片战争之后，四川、云南、贵州的特货（鸦片，又称土药）开始外销，其中贵州黄平烟商乐海平于洪江开办的"锦盛隆"商号，获利达20万元。据《湖南洪江之主要商业调查·洪江之特货业》记载：

"洪市营特货业者，全属行商，所谓特货是也。特货产于滇黔……洪市虽非主要销场，而为必经之路，举凡经济之周转，以及纳税护送诸端，均以洪市为中心。因其数值至为巨大，洪江之繁荣，乃与之发生密切之关系，往年兴盛时期，数量达四万担以上，每担重一千两，雇用民夫挑往宝庆，沿途均由特设监护队护送，去年经洪转口之特货，凡二万担，值一千五百万元。"

洪江商业的繁荣，带动了工业和城市现代化进程。1920 年成立光雄电灯公司，年发电量 8 万千瓦时左右，开湘西地区电力工业之先河。同时，洪江还兴办有桐油榨坊、丝烟业、制皂业、印刷业、木作、机坊、鞭炮业、红纸业、酒坊、油桶作、皮箱作、篾缆作、酱坊、鞋帽业、染坊等。20 世纪 30 年代，洪江与长沙、常德、岳阳、湘潭、邵阳、衡阳、醴陵同列湖南 8 个都会商埠及重要市镇，其商务甚至影响到湖南、贵州两省。1934 年沈从文在其《湘行散记·沅水上游的几个县份》称："洪江商务增加了地方的财富与市面繁荣，同时也增加了军人的争夺机会。民国三十年来贵州省的政治变局，都是洪江地方直接间接促成的。贵州军人卢焘、王殿轮、王小珊、周西成、王家烈，全用洪江为发祥地，终于又被部下搞垮。湖南军人周则范、蔡钜猷、陈汉章，全用洪江为根据地，找了百十万造孽钱，负隅自固，周陈二人并且同样是在洪江被刺的。可是这些事对本地又似乎竟无多少关系。这些无知识的小军阀尽管新陈代谢，打来打去，除洪江商人照例吃点亏，与会同却并无关系"。1933—1939 年，洪江为湖南省第四、第七保安司令部，1939 年 7 月，湖南省第七区行政督察专员公署从黔阳迁洪江，1940 年，七区改十区，其专员公署兼保安司令部仍驻洪江，一直到洪江解放。1944 年 10 月 7 日，设洪江行署，辖第六（邵阳）、第十两个专员公署，1945 年 8 月 1 日，省政府迁沅陵办公，洪江、沅陵、安化三行署奉命停止，人员并入省府。抗战期间，部分工厂、学校、医院迁入洪江，大量难民也避难于此，市面出现短暂的"战时繁荣"，这一时期，洪江人口达到 15 万人。抗战胜利之后，工厂、学校、难民回迁，至 1949 年，洪江人口减至 4.6 万人。

新中国成立后，洪江市人民政府对原行商、坐商、个体摊贩进行社会主义改造。1950年，洪江共有行商904户，资本总额26.2万元。1951年10月，政府引导木运业103户行商集资40余万元转业资金与国家投资创办洪江植物油有限公司，

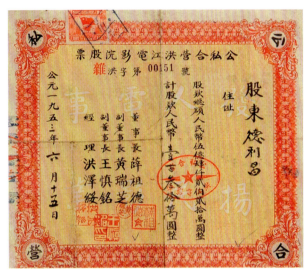

1953年6月15日，公私合营洪江电影院股票。

为湖南省第一家公私合营企业。至1956年，行商除21户成立木材代销店外，其余行商均按经营行业，归口并入公私合营门市部。洪江坐商涉及洪油、南杂、粮杂等14个行业，据1950年的统计，共有713户，资本总额243.45万元，其中以洪油业为最，达140.34万元，占总资本的57.65%。刘安庆、刘同庆、徐荣昌、复兴昌4大油号1954年创办洪江剧院（1956年3月批准公私合营）、公私合营的洪江电影院、洪江瓷厂，还投资6万元在黔阳县兴办公私合营安江饭店。永生油号向丽华玻璃厂（后更名为永华玻璃厂）1956年实行公私合营，更名洪江玻璃厂。资本金不足10万元的庆元丰、大德、恒庆德、吉庆4家油号则于1955年将资金分别投入洪江瓷厂、植物油公司、电影院和洪江饭店。到1956年，绝大多数坐商改造为公私合营商店，店员多被吸收为国营商业员工。洪江个体摊贩户数最多，资本很少，经营棉花、百货、南杂、饮食、鸡鸭鱼、蔬菜等，1950年为1241户，资本总额2.48万元。在1956年的社会主义改造中，大部分个体摊贩组成合作店（组），保留个体经营者仅81户，占摊贩总数的5.63%。至此，洪江商业的社会主义改造全面完成。1957年，植物油公司、洪江瓷厂等改造而来的工业企业技术升级，生产潜能不断发挥，产销两旺，

洪江从消费型商业城市转变为工业城市，《大公报》记者张筱农于是年6月在《湖南日报》刊文《湘西的一个明珠——洪江》，自此，洪江"湘西明珠"美称不胫而走，遐迩闻名。这些由原商业资本兴办的工业企业，支撑洪江经济数十年，创造了洪江经济发展的第二次辉煌，成为全市、全省县域轻工业发展的一面旗帜。1988年，全市有纺织、陶瓷、造纸、化工等15个行业，共149家企业，工业总产值3.54亿元，占全市社会总产值比重的80%，财政贡献率达82%，其上缴基数长期列怀化各县市首位，比重达40%以上。20世纪90年代中叶，洪江因原材料、产品市场"两头在外"，人才流失严重，不能适应市场经济的发展变化，又遭遇1996年特大洪灾，结果导致企业损失惨重，运转艰难，经济一度走向低谷。2000年以后，经过十几年的艰辛探索，逐步探索出一条符合洪江实际、具有洪江特色的现代工业发展道路，形成了以高新技术企业为引擎、化工产业为主导、新型工业为支撑的工业格局。到2023年年底，洪江区有规模以上工业企业55家，其中高新技术企业22家，全区实现工业总产值74.39亿元，其中高新技术产业总产值45.97亿元，规模工业增加值23.61亿元。

20世纪70年代，洪江瓷厂生产车间。

　　洪江在商业发展的进程中，积累了十分丰富、厚重的商道文化。商道即商业道德和道法，亦称"经商之道"，是组织、个人在商业活动中"做事做人"坚守的基本准则，是重要的文化软实力。洪江地处西南一隅，其商业自北宋开市，经历了近千年的发展历史。其间，全国各地商民懋迁洪江，带来了先进的中原文化、吴越文化，并与侗族、苗族、瑶族等五溪地

20世纪70年代，洪江纺织厂织布车间。

区少数民族文化相互碰撞、融合，逐步形成独具特色的洪江商道文化，成为湖湘文化不可或缺的重要组成部分。

　　交通闭塞、经济文化落后、民风彪悍是古代西南少数民族地区的三大特征，但位于沅巫两水交汇之处的洪江，则呈现出另外一番景象。地方在明清之后，不仅经济繁荣，还保持着淳朴、向善的民风，"洪地故多客居，而里俗皆敦厚"。究其原因：一是因洪江"面积非广、土著亦稀"，彪悍之风缺乏基础，鲜有争斗、起事发生，本地州志、县志均未有相关记载。二是得益于释、道、儒"劝人向善""和谐共生""礼让为先"思想的教化之功。北宋熙宁年间，置洪江铺后，佛教即流入境内，于崖山即天柱峰建寺。洪武年间，愿如法师在洪江嵩云山创嵩云庵，后建回龙寺、大佛寺，清代也新建了大量寺观、宫馆。同时，明清之际洪江义学兴起，讲习《师训》《蒙童》。乾隆二十二年（1757），为解决青少年"颇沿市习，奋志者绝少"的积习，会同知县陈于宣建雄溪书院。清末，洪江又建新式学堂会同县立第二小学（1902年建，公立）、商达小学（1907年洪油业建，私立）。民国时期洪江教育发展很快，先后建立了辰沅小学等公私立小学20多所，中学则有雄溪女中、洪达中学、赣才中学、省立十中等，全市

文教之风为之不振。三是随着外地商人的大量迁入，带动了当地民风淳化，如洪江首富张书，太学生，对"仁、义、理"有很深的认识，亲自为《洪江育婴小识》写跋，其子孙均"贤而多文"，中进士者1人，举孝廉者2人。再如洪江八大油号之一"杨恒源"的经理杨竹秋，为清末生员（俗称秀才），民国初入湖南政法专门学校（后并入湖南大学）深造，带来了新的现代文化思想。受此影响，来自全国各地、各行业的从业人员在洪江深度融合，形成了洪江族群命运共同体。其民性民风主要体现在：

勤于事。乾隆年间，洪江"地褊人众，辟山湮谷"，居民或工或商，全市"无游手、无闲民"。商民常年往来于西南地区各郡县和常德、汉口、镇江、上海等地开展采购、营销活动，或在本地从事手工业、商业，新入行者往往学徒三年，从底层做起，逐步发展到掌柜、经理甚至老板者不乏其人，"一个包袱一把伞，来到洪江当老板"成为激励从业者的时谚，以至于到光绪年间开办育婴堂时，雇请劳力都十分困难，"市廛之中游惰者少，故堂役、妇媪，工食无不倍常，非优恤

1942年元月，会同县私立复兴小学高十五初十六班毕业纪念。

不足以广招徕，非厚结不足以就约束，此历来岁用经费倍蓰之原，不可与他郡县同年共语者也"。

尚俭啬。洪江"俗尚俭啬"，提倡节约，拒绝奢侈浪费，对自己要求甚严，豪商巨贾概莫能外。如洪江首富张书捐助无数，因功被朝廷敕封一品封职，"然平居自守，谨约一服食之微，不肯轻进，曰先人未尝如此，则流涕却之"，洪江尚俭之风可见一斑。但洪江商人的"尚俭啬"与吝啬又截然不同，在抗灾、抗疫、抗战和教育、慈善等事关民族、国家利益和地方公益事业上，他们都不遗余力，踊跃乐捐。同时，对办事有力者绝不吝啬，如育婴管理，"勤奋者，岁治酒肴一次，剧饮酬劳"；又如榨油"每届开锅、完庄，办园棹酒一席或四盘四碗，油司请码头上脚班人来吃""掌庄熬油，每月两次牙祭，每人肉半斤，每日小菜例一批，完庄每届掌庄司赏酒钱一串二百文""又熬油司酒钱一串，小工四百，沪邑榨内商一二串文上下，外路费钱八百文"。诸如此类的记载很多。

明事理。洪江商人平衡"义利"，能够较好地处理国家、社会、家族之间的关系，轻重取舍得当。与上下游客商保持了良好的合作关系，讲求互利双赢。同时，善于研究、总结经商之道，探寻其内在规律，清代洪江王万和盛号油商王松泉在辨识洪油真伪、掌握市场行情、成本控制方面均有研究，并撰有专著《论洪油要诀》。

重然诺。《洪江育婴小识·识十馆》记载洪江"长老则不轻然诺"，意即洪江商人从不轻易答应别人，答应了就一定履行诺言，绝不失信于人。新中国成立之初，抗美援朝战争爆发，为响应政府号召，洪江工商界于1951年6月即向湘西行政公署主任晏福生表态："决定长期捐献，从6月起按月捐献总额5000万元（旧币），保证以后有增无减，直到打垮美帝为止"。并于同日正式决定，捐献战斗机1架，在湘西地区带头完成任务。至10月底，沅陵、黔阳、溆浦3县各捐战斗机1架，只有4.2万人的洪江，参加捐献的达2.6万人，捐献金额24.74亿元（当时战斗机单价15亿元，高射炮单价9亿元），捐献1架战斗机和1门高射炮。

好礼仪。受儒家思想影响，洪江商人在社会交往活动中，普遍讲求礼节、礼貌、仪态和仪式。通行学徒拜师、寻求帮助"拜码头"仪式，与官府打交道讲求行文规范，态度诚恳。与客商交往尊重习俗，彬彬有礼，赢得信赖。同时，注重同乡、同业之谊，共同修建会馆、公所，洽比乡里，岁时以祀其祖，对信奉的家乡神祇和行业祖师尤为虔诚。

遵法典。从北宋崇宁元年（1102）开始到新中国成立之前，洪江一直不设县级行政机构，一应地方事务，主要由洪江十馆、商帮、商会处置，维护正常的生产经营活动和地方治理，遵守法典显得尤为重要。洪江各商帮制定诸多帮规、行规，并报州县立案，通过官府告示方式执行，维持了地方的安定团结、经济繁荣。

明清、民国时期，洪江在大西南地区和长江流域的商业经济地位举足轻重，具有相当大的影响力，其商道文化在纵向的历史传承和横向的社会交流融合中不断发展，在中华传统文明和外来文明之间，取得了和谐统一。既有海纳百川、兼容并蓄的经营气度，又能突破地域和民族的界限，广泛吸纳各方面的优秀商贾文化成果，从容地接受外来新事物；既讲究实惠实效、审时度势、与时俱进，又有创新求变的经营策略，以开放、理性的心态，继承传统而不保守，为西南地区打开了一个走向世界的窗口，推进了这一地区的国家化进程、民族融合和经济社会发展。回顾过去，值得传承与弘扬的洪江商道文化可概括为：义利兼顾的处世哲学、敢为人先的创新追求、和谐共生的发展理念、心忧天下的家国情怀。

一是义利兼顾。深受儒家文化的影响，洪江商人树立了以义为先、义利相兼的价值观。元末明初，最早来到洪江的贺氏家族很早就提出"养命之源莫过于财，必人生之所必需，而不可一日无者也。虽然，份内之财，适所当取；份外之财，取之则苟。使苟焉，取未得而害己，随既得，而害己速也"，并将此作为家训家规记载于族谱之中。清代洪江属淮盐区，但因路途遥远，加之苛捐杂税，抵洪淮盐价格很高。咸丰时，爆发太平天国运动，长江阻隔，淮盐不至，朝廷批准湖南"准食粤盐"，洪江商人王占祥抢抓机遇，贩运价格低廉的粤盐于市，按淮盐平时价格出售，并提 20% 利润"募练团勇数百，以资保卫，人情大安，而君业亦从此小裕矣"。光绪年间兴办育婴堂时，针对"岁口日增，经费不敷"状况，秀才出身的欧阳钟领取"洪白桐油牙帖"，注册"欧阳济育"商号，做起了桐油中介，除日常开支、雇员薪金外，所获利润全部以"帖捐"形式捐给育婴堂，弥补其经费不足。据《洪江育婴小识》和《育婴续识》记载，欧阳钟从光绪十二年（1886）至光绪十八年（1892）共捐银 3200 两。到光绪十九年（1893）欧阳钟身故时，"家有老母年已七旬，一妻一妾，遗孤幼稚，别无执业"，经州县批准，从十馆接续经营的"欧阳济育"商号经费中进行抚恤、赡养。洪江绅商张书更提出了"财者，天下之公物，非一己所得私，天之厚我，假我以利人，非私我也"的财富理念，足见其认识之高，气度之大，对义和利进行了完美的诠释。民国时期，杨义斋木行则将"义方恪守、记载精详"做成楹联，既是广告，也时刻警醒自己"义利兼顾，以义为先"。

二是诚信为本。洪江商人十分注重诚信经营，获得了上下游客商的高度认同。同治年间，张书年逾四十"设诚致行，一市信之"。清末民初，洪江周边时有土匪出没，地方不靖，客商携带现金购买木材、桐油风险很大，于是在汉口换成汇票（称"汉票"），入洪后再将汇票换成洪江钱庄或其他商号发行的票号（称"洪兑"），以此向清水江、巫水流域购买货物，当地群众则可持"洪兑"在洪江兑换需要的盐铁、布匹等，或直接兑换银钱，足见其信用等级之高。洪江商人的诚信还表现在产品质量上，如洪油，因质量优良，"为江南江北所长销，即秀油亦不能明显侵夺，此销路之可恃也，又无别来源以相敌也"。刘同庆油号经理刘炳煊，从不掺杂使假，获取暴利，而是"独本素衷，持之以正，卒使鹦鹉商标之洪油驰誉大江南北，而获利倍蓰"。

三是求实创新。早在康熙年间，洪江商人就着手技术创新，在普通桐油基础上成功研发出桐油中的极品"洪油"，其能常年保持流动状，解决了普通桐油冬季易凝固的问题，成为市场的"抢手货"。在扎排工艺上，利用本地丰富的楠竹资源，制成篾缆，将上游流放到洪江的一层小排编扎成三层的"洪排",借助下游宽阔水面下洞庭、入长江、抵江浙。同时,洪江商人也十分注重制度创新,在经营机制上进行突破。如棉花行业所置"花公号"房产,在遭遇咸丰朝变乱之后,租金收入不佳,于是更换经理,实现"岁租有赢"。清末民初,洪江"八大油号"之一的"杨恒源"老板杨竹秋,开启"开店不经营,经营不开店"的模式,实行决策权和经营权分流,聘请职业经理经营洪油,取得了事业上的成功。

四是把握市场。洪江商人对市场有很深的认识,坚持以市场为导

1975年12月洪江城区一角,巫水河上停满了从上游放下来的
木排,等着重组为大排运往下游的常德。

向，组织生产经营。《论洪油要诀》称："民苦，欲用无力，纵格外极宜，亦不能，销场盈缩之常理，非人力能增减也"，这种认识与当今"市场是有购买力的需求"定义高度契合。同时，洪江商人非常注重商业情报的收集，及时以书信往来方式，进行信息共享，牢牢掌握市场主动权，提出"货权不可旁落也，盖货，我手操纵，可以自免一切意外之虑"，并实行以销定产，控制成本，讲求经济效益。

五是多种经营。洪江商人充分利用市场和人力资源，发展多种经营，实现利润最大化。如洪江的徽州商帮，"其来也，载淮扬之盐、通州之棉与布、江西之瓷。其去也，洪油、材木、白蜡。源源转输，络绎于道"。湖北黄州帮，一边经营沅水流域木材，一边贸易黄州布匹。浙江湖州商帮先以酒业开拓沅水流域市场，后来发展到桐油、木材、棉花、瓷器等，通过长江往来于洪江与浙江之间，两得其利。

六是和谐共生。洪江汇集全国"五府十八帮"的商人，是一个"五方杂处、货物辐辏"的商埠，离县城50多公里，本地设巡检司、汛把、淮盐缉私局等几个基层治安机构和执法组织，在交通不发达的清代，州县对其行政管理往往鞭长莫及。洪江商帮又不同于单一的晋商、徽商和江浙商帮，是一个多地、多行业组成的商帮集团。为了加强地方建设，协调各方利益关系，实现合作共赢，洪江商人"十大会馆"成立公所，实行高度自治，安排值年负责日常事务，协调商务和其他社会事务，如遇重大事项则由"十大会馆"首事（负责人）在平等、互利基础上进行友好协商。各行业之间则通过制定行规帮约进行约束，目前发现的有洪油、木材、粮食、船运、铁器等行业的行规帮约。各地、各行业之间不搞"零和博弈"式的竞争，通过良性互动，实现"双赢"和"多赢"，真正做到了"万物并育而不相害，道并行而不相悖"。

七是里仁为美。"里仁为美"出自《论语》，强调善于处理好周围关系对个人事业的极端重要性。为达到这一目的，洪江建有"里仁巷"，刘同庆油号将"里仁为美"做成匾额，时刻警醒自己和他人。同时，洪江商人普遍提倡"吃亏是福"，将利他作为一种"福"文化进行传播。陈荣信商行将"一团和气"和郑板桥具有很深哲理的书法作品《吃亏是福》泥塑于墙，其下的注释"损于己则益于彼，外得人情之平，内得我心之安，既平且安，福即在是矣"则体现了洪江商人"利他就是利己"的思想。同时，洪江的各大会馆和商号墙垣多处绘有"福"字，通过"里仁为美""一团和气"等协调社会关系，调整心态，实现心理上的愉悦。清代徽州商人王松泉《论洪油要诀》记载，洪江桐油商人收尾款实行的不是通常的"四舍五入"，而是"逢六收、逢五丢"，让利于客商。其他如育婴、恻隐、团防、积谷、火墙、道桥、学堂，洪江商人无不踊跃捐助，造福地方。

八是讲求环境。洪江商人注重创造良好的营商环境，积极配合官府，承担本属于官府职能的积谷、团防、保甲、防疫、消防、城建、慈善等政府职能，取得各级官府的支持。咸丰年间，高灿顺油号高德轩三代捐助军饷，加强了军民融合，咸丰八年（1858），洪江进驻水师，为日后地方安定奠定了坚实基础。再如洪江各种行规，均报州县备案，并以"晓谕"形式发布，责令遵守，保证了规定的严格执行，特别是育婴、助学多次获得朝廷、省、州、县褒奖。

九是薪火相传。洪江商人往往从学徒做起，"一个包袱一把伞，来到洪江当老板"。各行业成功商人着眼事业的持续发展，十分注重人才培养，如早期的洪油商人高琪馨就先后培养了刘岐山、陈坤山、余云山等一批洪商精英。同时，各商号往往高薪聘请技术人员、管理人员，提高产品质量和管理水平。如复兴昌油厂，民国期间不惜巨资在洪江自建榨坊，常年聘请专门技师提炼纯净洪油，产品品质优良、香浓色艳，行销大江南北。同时，还有杨恒源"顶尖牌"、庆元丰"岐山鸣凤牌"、刘同庆"鹦鹉牌"、刘安庆"松麓牌"等都是镇江油市的抢手货，颇得江浙一带油商信任和好评。

十是服务社会。洪江商人普遍具有大爱仁心，于社会事业不遗余力，体现出浓浓的家国情怀。沅江洪水频发，沿岸居民多受灾害，早在道光十八年（1838）杨锡龄等就创设了恻隐堂，捞取洪灾漂流到境内的贵州遇难群众浮尸，并购置义山安葬。至光绪三十二年（1906），恻隐堂共建5处义山，安葬3000冢以上，并设救生船3艘，专司捞救落水人员。封建社会各地多有弃婴恶俗，光绪六年（1880）由会同知县张鸿顺发起，绅商张书倡导，洪江十馆兴建育婴堂，至光绪三十二年（1906）共收养本地及周边州县弃婴1175名，每年还收养遗腹子数十人，并将贫苦寡妇纳入救济范围。其间，洪江育婴堂免费为6000余名本地和黔阳县儿童接种天花疫苗。修路架桥，自古被视为美德。梁登第捐资修砌了洪江至安江、洪江至黔城东西大道各60余里，石桥6座。晚清商人庞代佳等人于洪江境内捐建吊脚楼桥，会同境内建乐安桥、怀安桥、盐店桥，民国期间刘炳煊等洪江众商又捐建雄溪桥（洪江大桥前身），今各桥仍在，或弃用，或改造升级使用。光绪年间各会馆还于江西馆码头、宝庆会馆码头等5处捐设义渡船8艘，供市民免费使用。城市建设方面，道光十年（1830）、十三年（1833），

1934年4月23日，洪江第一座大桥雄溪桥落成（横跨巫水），全部由洪江商人捐建。

张慎德堂等数十家商号和个人捐资制钱 681 贯修建澄安街。同时，针对洪江火灾频发，同治八年（1869）、同治十二年（1873）、光绪六年（1880），高灿顺堂等 128 家商号及会馆捐助制钱 19737 贯修建各街巷火墙，有效遏制火势蔓延。光绪年间，为及时扑灭火灾，洪江商人还集资置办乐万安、保安、澄安 3 台水龙，为洪江最早的消防车。洪江地少人稠，粮食基本依靠外购解决，为防止粮荒，光绪初，洪江"十大会馆"组织积谷 4000 石，分存于"十馆"所属房屋内，粮食储备占会同全县的 57%，因办理有力，被湖南布政司授予"功赞常平"匾额。同治年间，地方不靖，洪江商人筹资 10 余万缗兴办团防，"打造器具，别练一军"，局势缓则数十人，急则六七百人，并捐资修建了渔梁湾、大枫坡等 4 处关卡，常年派弓兵把守。光绪年间，洪江划分为 16 牌，靖州知州委托刘岐山等洪江 19 名德高望重的地方绅商办理保甲事务。清代至民国，洪江多次发生火灾、水灾，"洪江十馆"及地方父老积极组织救助、修缮，如火灾后的大佛寺、高坡宫等均由"洪江十馆"修缮。1926 年黔阳、会同大旱，流落难民数万人，洪江商人组织在天王宫、灶王宫等处施粥，后遇瘟疫，死者枕藉，红十字会于今体育广场处建"万人坑"掩埋遗体。民国期间，洪江有雄溪、洪达、赣材、省立十中（黔阳一中前身）4 所中学，商达（清光绪三十三年建）、会同县立第二小学（雄溪书院 1902 年改设）等 19 所小学，除省立十中系当时的省政府投资外，其余中小学均为洪江商人投资兴建。其中的洪达中学，开设有初中部、高中部，汇集了一大批从国外留学归来和国内顶级院校毕业的优秀教师，师资力量全省名列前茅。

抗战爆发，洪江商人即捐助傅作义部防毒面具，鼓舞将士前线杀敌。日军全面侵华后，洪江商会组织抗战后援委员会，动员市民"捐金""每日一分捐"。1942 年 1 月，洪江商人李桐村等 76 人在十区专员徐庆誉的带领下，捐助法币 3 万余元、铜圆 5000 余元抚恤抗战伤残军人，支持他们开展生产。黄可志等兴办洪雄抗属工厂，招收抗属就业并向洪江和会同雄溪乡 100 多户抗属发放优待金。同时，洪江商民积极购买抗战储金，销量居全省第六位。雪峰山战役爆发之后，洪江行署组织地方军民紧急征调大批物资，昼夜不停源源不断输送前线，全力支援抗战部队阻敌西进，最终在军民共同努力下，取得雪峰山战役大捷，洪江商会举办了隆重的庆祝大会，并建奏凯亭，与之前建的抗战阵亡将士纪念塔共同成为地方抗战纪念设施。

清末民初，洪江涌现出一批热心公益、回报国家社会的知名绅商，如张书、高德轩、刘岐山、杨竹秋、刘炳煊、刘松修等。其中尤为卓著者张书，因倡办育婴堂，独助黄河决堤流落汉口10余万难民1月膳食，被朝廷诰封一品封职。庆元丰油号创始人刘岐山修筑家乡水毁城墙，办学舍，两次受到黎元洪总统褒赐金章，获"敬教劝学"匾额。

洪商文化底蕴深厚、源远流长，体现出许多优秀品质，尤其是其"海纳百川、包容并蓄"的气度，和谐共生的发展理念，彰显出独特的文化个性。洪江在明清、民国时期凭借水运优势，通江达海，将贸易远涉西南云、贵、川诸地以及上海、南京、镇江等发达城市，生产的白桐油甚至通过武汉转口远销欧美等国家和地区。时移世易，进入21世纪20年代，洪商积累的优秀商道文化仍可为当代提供借鉴、指导，为地方经济社会进步提供不竭的力量源泉。

第一章

五溪福地
洪江的山川形胜

大河沅水：碧波浩渺，奔流千里

"倚棹汀洲沙日晚，江鲜野菜桃花饭。长歌一曲烟霭深，归去沧浪绿波远。"

唐时湘籍墨客李群玉的七绝名作《沅江渔者》，清新脱俗，勾勒出一幅沅水两岸春日山野的温婉画卷，引人遐思。

欲了解洪江，先要读懂洪江的"水"。谈及洪江古商城的繁荣与辉煌，又不得不提及它的两条生命之河——沅水与巫水。它们如同慈母之手，共同抚育了悠悠岁月中的洪江古商城，见证了洪江历史的兴衰更迭。

溯沅江而上，便是那清波荡漾的清水江（又名清江），其源历来众说纷纭。直至 2005 年，黔湘两地水文部门携手探究，最终确认贵州都匀市的斗篷山（也称云雾山）为沅江之源，并勒石为记，碑额"沅江源"，由中国美术大师黄永玉题写，碑文称：

"大江沅江，乃湖南第一长河。源自都匀，流经湘西，山高斗篷，水深五强。经黄平会北源重安江后，称清水江。自黔贵滚滚东流，出芷江銮山……川流不绝，逶迤而归洞庭，流域八万九千一百六十二平方公里。"

斗篷山，傲立于贵州南部苗岭山脉之中，巍峨挺拔，直指云霄，横跨都匀、贵定、麻江三地，因主峰形似斗篷而得名，海拔 1961 米，与梵净山、雷公山并称为贵州三大名山，蔚为壮观。

清水江，自斗篷山北麓涓涓而出，蜿蜒东南，穿都匀而过，复折东北，化身为龙头江。其主流继续前行，贯穿黔南、黔东南，过麻江、丹寨、凯里诸地，至旁海镇岔河村（也称河口），与重安江汇合，始有清水江之名。岔河，便因两江交汇而得其名。

清水江系沅江上游干流，其与沅江的分段，民间流传多个版本：或云自凯里旁海镇岔河村，经湖南洪江市托口镇接纳渠水后，方为沅江；通常说法，清水江在洪江市黔城镇汇入沅水（即潕水），始称沅江；第三种说法，清水江直至洪江古商城，与巫水（又称洪江、雄溪）通波，才完成了其向沅江的华丽变身。不管是哪种情形，每一种说法背后，都是当地百姓对湘西南这片土地深厚情感的寄托与赞颂。

洪江古商城地理位置图。

沅江，又名沅水。据《湖南省志·交通志》（湖南省地方志编纂委员会编，人民交通出版社2014年版）记载，沅江全长1218公里（其中在湖南省境内的流程为568公里，含德山至鲇鱼口185公里沅江洪道），洪江人亲切地称它为"大河"，河长在"湘、资、沅、澧"四水中占据魁首。

沅江以海纳百川的胸怀和百折不回的勇气，跨过贵州11个市县，抵达湖南省会同县漠滨侗族苗族乡金子村（后搬迁，原址在托口水电站库区）。这个伴沅江而居的苗寨，被称为"沅江入湘第一村"。这里是两省三县交界地带，站在会同县金子村的沅水边，对岸是湖南芷江侗族自治县，下游是"下金子村"，属于贵州省天柱县，可以说是一脚踏三县的地方。

尽管如此，这里的百姓仍称沅江为清水江。沅江经洪江、安江、中方、溆浦、辰溪、泸溪、沅陵、桃源、常德等地后，最终在常德市的德山地段，缓缓注入广袤无垠的洞庭湖。

沅江这条湘西巨川，不仅是自然之美的象征，还是湖南乃至中国南方地区重要的水源和经济命脉，对促进沿岸地区的民族融合、农业灌溉、工业发展以及城市供水等方面，发挥着不可估量的作用。

沅江是长江第三大支流，为黔东南、湘西地区通往长江的重要出海通道，也是洞庭湖水系湘、资、沅、澧四水中水量最大、水能资源蕴藏最丰富的河流。在古代，沅江的航运价值无可估量，堪比"水上高速公路"。它的航道深入内陆，连接起西南腹地与东部沿海，成为物资交换和文化传播的重要通道。历史上，沅江流域的码头如星辰般散布，不仅承载了日常的货物运输，还促进了沿岸城市的兴起和商业的兴盛。

洪江古商城，作为"小重庆"的美誉之地，其繁荣景象正是沅江流域商贸活动的缩影。沈从文先生在其散文集《湘西》中写道："由辰溪大河上行，便到洪江。洪江是湘西中心，市区在两水汇流的一个三角形地带，三面临水，通常有'小重庆'称呼"。生动描绘了民国时期沅江流域商贾云集、市贸繁荣的社会风貌，黔阳古城、托口古镇等则进一步证明了沅江流域深厚的文化积淀和商业活力。

这些古老的市镇和商埠，不仅保留了明清时期的古建筑群，还蕴藏着丰富的非物质文化遗产，如地方戏剧、手工艺品、民俗节庆，

以及最为让人津津乐道的"洪商文化"，它们共同构成了沅江流域独特的人文景观，吸引着国内外游客前来探寻。随着时代变迁，现代交通方式的发展逐渐改变了传统的运输格局，但沅江流域，特别是洪江的商道文化和原生态自然风光，仍然是湖南乃至中国的一张闪耀的名片，继续讲述着这片古老土地上的传奇故事，激发人们对浩荡的沅江产生历史与自然的无限遐想。

五溪之地：汉夷杂处，骚客迁居

五溪，一个满载厚重历史与文化底蕴的地域，不仅镌刻着古代地理学的印记，更是中国西南多民族交流交融的典型代表。这质朴而古老的名字，源自湖南省西部沅江的五条主要支流，"五溪"之名可

追溯至南北朝时期郦道元的《水经注》，书中明确记载了"武陵五溪"——雄溪、樠（mán）溪、沅（wǔ）溪、酉溪与辰溪的辉煌过往。

每一条江河都负载着独特的历史密码与文化基因。"五溪"之确指，历来有所争议，但一般认为，其大致范围，即今湖南沅江中上游及其大小支流流域。这一区域在先秦时期为楚黔中郡，秦统一六国后仍置黔中郡，汉代改置武陵郡。以今日的行政区划来看，五溪地区大体上以沅江中上游为中心，包括湖南省湘西土家族苗族自治州和怀化市，以及重庆市的酉阳、秀山，贵州黔东南的松桃、铜仁、玉屏、镇远，鄂西的来凤、宣恩、鹤峰等地。李白脍炙人口的诗篇《闻王昌龄左迁龙标遥有此寄》："杨花落尽子规啼，闻道龙标过五溪。我寄愁心与明月，随君直到夜郎西。"其中的五溪，即指这片流域。

五溪地区跨越了湖南、贵州、重庆和湖北四省市，在中国地理格局上占据着西南云贵高原与东南丘陵之间的过渡地带，也是中国西南少数民族与汉族文化交融交汇点，具有独特的地理和文化特征。这五条溪流犹如五根丝线，串联起千里江山，滋润了广袤土地，仿佛五线谱上灵动的音符，演奏着五溪大地的命运交响曲。

五溪不仅是文明交融的桥梁，更是中华文明多元融合壮丽史诗的见证者。昔日，五溪之域曾被视为蛮荒边陲，然而，正是这片土地，接纳了屈原、王昌龄、魏了翁、王阳明等诸多历史星空中璀璨的名字，他们或流放充军，或贬谪于此，或经停五溪，踏向更辽远的未知，留下了不朽的足迹与光芒，至今依然照亮着历史的天空。

此外，五溪亦是梦想与机遇并存的宝藏之地，民间流传着"一个包袱一把伞，来到洪江当老板"的佳话，寓意着无论出身是否贫寒，每个人在这片热土上都有机会书写自己的传奇，实现财富与梦想的双重飞跃。

关于五溪，历朝历代皆有不同的说法，我们不必拘泥于确切所指。今之五溪，可视为约数，或代称，涵盖了沅江中上游的大小支流。现将一些史书上常见的"五溪"支流，分录如下：

【雄溪】即巫水，曾名运水、竹舟江、熊溪，又名巫山江、洪江。属沅江支流。源出湖南省邵阳市城步苗族自治县的巫山西南麓。流经城步苗族自治县靖源乡、鱼渡江、儒林镇、落叶湾、羊石田，绥宁县梅口、李家团、长铺子、界溪口、竹舟江、金鱼口以及会同县长寨、檀木湾，在洪江区犁头嘴汇入沅江。

【潕溪】今名渠水，又名渠江、朗溪、渠阳河。有东西两源：西出贵州黎平地转坡，称播阳河；东出湖南城步苗族自治县南山大茅坪，经绥宁流入通道侗族自治县境，在县溪镇附近汇入通道河，称渠水。过靖州、会同，最终在洪江市托口古镇注入沅江。

【㵲溪】又称潕阳河或㵲水、无水、潕水，为沅江主要支流，发源于黔南州瓮安县谷才村。由小谷才、谷才分流至何家榜西汇合，向北流至黄平县旧州镇，称马颈河，经黄平、施秉、镇远、岑巩县境，过铜仁的玉屏县后流入湖南新晃县，又经芷江县、怀化市，再向南，经黔阳古城注入沅江。主要支流有苗里河、龙江河、车坝河等。

【酉溪】又称酉水、北河、更始河等。"酉水"之名，最早出现在里耶（湖南省湘西土家族苗族自治州龙山县最南端）秦简上。2002年湖南龙山里耶古城遗址出土了38000多枚秦简，因是秦洞庭郡迁陵县府档案，所以记载了很多郡、县、乡、里等行政地名，令人惊奇的是，里耶秦简中，"酉水"与"酉阳"之名，竟在同一枚秦简上。酉水源自湖北宣恩县七姊妹山，两岸高山夹峙，峭壁如屏，水势浩荡，多为土家族聚居。在湘西土家族苗族自治州境内，酉水流经龙山县、花垣、保靖、永顺、古丈等县，沿途滋润着土家族、苗族等多民族聚居地，最终在沅陵注入沅江。

【辰溪】又名辰水、锦江、大河等。发源于贵州梵净山。梵净山，在贵州东北部，印江土家族苗族自治县、松桃苗族自治县及江口县交界处。《汉书》称"三山谷"，《水经注》称"三悟山"，《元和郡县志》称"辰山"。古辰州与锦州州治在今湖南麻阳县西北面的锦和镇。辰溪是沅江的重要支流之一，上游源流称闵孝河，至江口县城，纳入支流太平河，始称锦江，然后自西向东，流经铜仁市中部，在铜仁市区纳入小江河，在漾头乡施滩附近流出贵州省境，入湖南省境，始称辰水，经麻阳、辰溪，注入沅江。

辰溪还有个有名的支流"桃映河"，为锦江北岸最大支流。在贵州省东部，锦江称大江，桃映河称小江。小江发源于松桃苗族自治县梵净山东麓落满乡的太平盖山，向东南流入江口县，至铜仁市铜崖山注入锦江。

沅水之子：五溪蛮文明探秘

古代湘西的"五溪蛮"与沅水有着密切的历史地理联系。五溪蛮是指东汉至宋代期间，生活在湘西以及相邻的贵州、四川和湖北三省交界地区，特别是在沅水上游的若干少数民族群体的总称。自汉代以来，陆续有汉人迁入，形成了多民族交融的局面。

五溪蛮的活动范围大多围绕着沅水及其支流展开，这些溪流不仅提供了丰富的水资源，而且是重要的交通线路，对于当地的农业生产和贸易往来至关重要。此外，五溪蛮的名称本身就来源于这五条溪流，反映了它们与这些自然地理特征的紧密联系。

历史上，五溪蛮区域的民族构成呈现出多元与复杂的特性。在历史长河中，苗族不仅占据着显著的地位，更是五溪蛮的核心族群之一，其人口密度与文化影响力在这一地带尤为突出。

苗族的先民们，在古代中原文化中心形成与扩张的过程中，经历了数次大规模的迁徙活动。他们为寻找更加适宜的生存环境，逃离战乱与自然灾害，跨越千山万水，最终选择在湘、鄂、川、黔四省交界的武陵山脉周围定居下来。

这片区域，古称武陵郡，正是今日所指的五溪蛮之地，以其险峻的山川、茂密的森林、丰富的物产而闻名。

在苗族这一迁徙与定居的过程中，沅水扮演了至关重要的角色。作为长江的主要支流之一，沅水蜿蜒曲折，贯穿了整个五溪蛮区域，其流程之长、流域面积之广，为苗族以及其他少数民族的聚居提供了得天独厚的自然条件。沅水不仅滋养了肥沃的土地，为农业生产提供了充足的水源，同时也成为交通与贸易的天然通道，促进了不同民族之间的交流与融合。

苗族的聚落沿着沅水及其支流分布，形成了一个个紧密相连的村落与城镇，这些地方逐渐发展成为经济与文化的中心。苗族人民在与自然和谐相处的同时，也保留和发展了自己独特的语言、宗教、习俗与艺术，如苗绣、银饰、芦笙舞等，这些都是五溪文化中不可或缺的元素。

随着时间的推移，苗族与其他民族在五溪蛮地区共同生活，相互影响，形成了一个多元文化交织的社会结构。各民族在语言、信仰、生活习惯上的交融，不仅丰富了五溪蛮地区的文化内涵，也为中华民族的多元一体格局做出了独特的贡献。

此外，侗族、瑶族、土家族等民族也有相当数量的分布。他们在沅水流域建立了自己的社会结构，拥有独特的文化和生活方式。这些民族在长期的共同生活中，相互借鉴、交融、渗透，形成了独特的五溪文化，其与楚巫文化、巴蜀文化、岭南文化及移民带来的中原文化、江浙文化、妈祖文化等在这里交融互动，谱写了多姿多彩的民族诗篇。

《九章》《九歌》：屈原与五溪的文化情缘

提及湘西的五溪之地，若仅以偏远落后视之，无疑是忽略了其深厚的历史文化底蕴与独特的民族风情。在这片神秘而古老的土地上，流传着屈原与五溪之间一段不解的情缘，它不仅丰富了中华文化的内涵，也彰显了五溪地区独特的历史地位。

屈原，战国时期的伟大爱国诗人，其一生跌宕起伏，与楚国的命运紧密相连。在被放逐的岁月里，屈原曾涉足五溪之地，这段经历在《楚辞》等古文献中留下了斑驳而深刻的印记。屈原在流放溆浦、辰溪期间，行吟泽畔，踏遍五溪山水，与当地百姓同饮一江水，共赏一方月。他的诗篇中不乏对五溪风光的描绘，那里的奇山异水、淳朴民风，都深深触动了这位伟大诗人的灵魂。在《九章·涉江》中，屈原写道：

朝发枉渚兮，夕宿辰阳。苟余心其端直兮，虽僻远之何伤？

入溆浦余儃徊兮，迷不知吾所如。深林杳以冥冥兮，乃猿狖之所居。

山峻高而蔽日兮，下幽晦以多雨。霰雪纷其无垠兮，云霏霏其承宇。

哀吾生之无乐兮，幽独处乎山中。吾不能变心以从俗兮，固将愁苦而终穷。

在《九歌·山鬼》中，屈原又这样描写五溪地区：

雷填填兮雨冥冥，猿啾啾兮狖夜鸣。

风飒飒兮木萧萧，思公子兮徒离忧。

这些诗句中，可以窥见屈原在五溪地区留下的足迹与感慨，他在逆境中依然保持着对自然美的追求与对民族命运的深切关怀。

五溪地区的人民对屈原也怀有深厚的情感，他们传诵着屈原在沅水之滨讲学授诗，传播中原文化的故事。这是各民族文化交流融合、共同繁荣的见证。当地至今仍保留着端午节划龙舟、包粽子、挂艾草等习俗，以此纪念屈原，这些传统活动不仅体现了对屈原的敬仰，也展示了五溪地区深厚的文化底蕴和对传统文化的传承。

屈原与五溪的故事，是中华文化多元一体格局的一个缩影，它揭示了中原文化与边远少数民族文化的互动与融合，证明了中华各民族文化血脉相连，交融共生。五溪文化以其独特的民族特色和历史积淀，成为中华民族文化宝库中的一颗璀璨明珠。

屈原与五溪的情感联系，虽然并不直接关联商业活动，但其深远的文化影响和精神价值，对后来包括洪江在内的整个区域的社会经济发展，以及对洪商文化的形成，间接地提供了精神指引。

屈原身上体现的高洁品质和深厚的家国情怀，对后世有着强烈的示范作用。这种精神特质在商业领域同样重要，它促使商人群体在追求商业成功的同时，也不忘社会责任和道德操守，这对于塑造洪商的商业伦理和品牌信誉具有重要意义。洪商在明清至民国时期，之所以能够兴盛并形成独特的商道文化，部分原因在于他们继承了中国传统文化中的诚信、勤勉和仁爱精神，这些都与屈原精神遥相呼应。

屈原在五溪地区的足迹及其文学作品，提升了这一区域的文化知名度，吸引了历朝历代文人墨客的关注与驻足，间接促进了地方经济文化的交流与发展。这种文化吸引力可能为洪江后来成为商贸重镇打下了基础，因为文化与商业往往相辅相成，文化的繁荣能吸引人流物流，为商业活动提供良好的外部环境。

屈原的流放经历象征着逆境中的坚韧与不屈，这种精神对于在复杂商业环境中求生存、图发展的洪商来说，是一种无形的力量源泉。洪商在历史上多次面临自然灾害、战乱和社会动荡，但他们总能凭借坚韧不拔的意志和灵活的经营策略，重新站起来，这与屈原面对挫折而不失志的精神是相契合的。

所以，屈原与五溪的情感虽不直接作用于商业活动，但其精神内涵和文化影响力对洪江"洪商"乃至整个地区的文化氛围和价值取向，有着不可忽视的正面影响，为洪商创造近代商业神话提供了宝贵的精神资源和文化背景。

五溪之地：从流放地到文化圣地的转变

五溪之地，自古以来就是中原文明与南方少数民族交融的边缘地带，由于地理位置偏远，交通不便，五溪之地在古代常被视为流放罪臣与贬谪官员的所在，然而，正是这些被贬谪至此的文化精英，赋予了五溪之地深厚的文化底蕴，使其逐渐从一个流放地转变成为一个充满诗意的文化圣地。

唐代以前，五溪之地因远离政治中心，山川险峻，交通闭塞，成为朝廷贬黜官员的首选之地。例如屈原（流放溆浦）、王昌龄（谪迁龙标，即今洪江市）、黄庭坚（谪彭州，五溪诸州经略使治所）等，他们是中国文学史上的巨擘，这些官员往往带着满腔的愤懑与无奈，被迫离开繁华的京城，来到这片边远的深山。他们在这里面对的不仅是物质生活的艰苦，更有精神上的孤独与苦闷。但在这种困境中，他们能够超脱现实，借助自然之美抒发胸臆，创作出许多流传千古的佳作。

唐代诗人王昌龄便是其中的典型代表。唐天宝七年（748），王昌龄被贬为龙标尉，来到五溪之地。在这里，他面对着壮丽的山水，内心的悲凉与对未来的憧憬交织在一起，创作了诸如"明年春水共还乡"这样蕴含着对故乡深深眷恋与对生命无常感慨的诗句。王昌龄的诗歌，不仅展现了五溪之地独特的自然景观，更传达了文人在逆境中寻求精神慰藉的心路历程。如《送柴侍御》："沅水通波接武冈，送君不觉有离伤。青山一道同云雨，明月何曾是两乡"。诗中的"武冈"
为唐代的武冈县，治所在今城步县，即巫水之所出，"通波"指水相连，
沅水与巫水汇合于洪江犁头嘴，这里是通往城步县的唯一水道。诗歌
既描写了五溪地区的山川形胜，又表达了送别时依依不舍之情与豁达
的胸襟。

随着时间的推移，五溪之地的文化氛围逐渐浓厚。被贬谪至此的
文人墨客，与当地民众进行了深入的文化交流，不仅留下了大量的文
学作品，还促进了中原文化和地方文化的融合，使得五溪之地成为一
个多元文化交汇的节点。这些文人所留下的文化遗产，不仅丰富了
中国文学史，也为后来者提供了了解这一地区历史变迁和文化特色的
窗口。

明清之后，随着交通条件的改善和社会的稳定，五溪之地逐渐摆
脱了流放地的形象，开始吸引越来越多的文人学者前来游历、访古。
他们在此地寻找创作灵感，留下了许多关于五溪之地的诗词歌赋，进
一步提升了五溪之地的文化地位。此外，五溪之地丰富的自然资源和
独特的人文景观，也吸引了画家、书法家等艺术家前来创作，使这个
地方成了艺术创作的热土。如抗战时期著名国画家柳子谷先生，就曾
任绥宁和通道县长、洪江赣材中学校长，两次在洪江举办画展，在当
地传为佳话。

从流放之地到文化圣地的转变，五溪之地见证了中国古代文人士
大夫在逆境中坚持理想、追求卓越的精神风貌。他们以自己的才华和
坚韧，把这片曾经的边陲之地，塑造成了一个充满诗意和哲思的文化
高地。五溪之地的文化遗产，不仅是中华民族宝贵的精神财富，更是
连接过去与未来，促进文化交流与理解的重要纽带。

第二章

湘黔水道
伐木扎排下洪江

河山太极：天然良港，水运兴盛

洪江凭借其得天独厚的地理位置，自古以来便是一座因水而兴的商贸重镇。沅水与巫水在此交汇，形成了一片江面开阔、水流平缓的天然良港，加之周边水网密布，共同编织了一张纵横交错的水运网络。

巫水穿境而过，汇入沅水，与沅水一同在地方文献中被亲切地称为"小河"与"大河"。两水交汇的犁头嘴，码头密集、商业繁华。"汉口千猪百羊万担米，比不上洪江犁头嘴"的民间谚语，生动形象地描绘了这里商贸的兴盛与富庶。

沅水水路在辰、沅之间的"U"形大回环，虽使洪江在通滇驿道上的位置显得边缘，但其间"S"形的小回转意外地令江河水流放缓，水面变得开阔，形成了一个理想的物资中转站——天然良港。这一区域不仅拥有岩山脚、萝卜湾、天柱峰、滩头、回龙寺等多处扎排和停泊货船的地点，还成为清水江、渠水、巫水等河流沿线木排的汇聚之地。这些小型木排顺流而下，在此被打散重组，变成大型的"洪排"。

在那个车马的年代，水运是大宗货物运输的首选。木材、桐油、白蜡，这些价格不菲的物资，借助洪江水网，源源不断地从四面八方汇集而来，大大小小各式各样的船只，满载货物，穿行于波光粼粼的江面上，将这些商品销往全国各地，甚至远渡重洋，抵达异国他乡。

在洪江，你可以看到千帆竞发的壮观场面，感受到万船共进的繁忙景象，这里是南方丝绸之路的关键节点，是水上商贸的繁华中心。

犁头嘴，位于洪江区沅水之滨，沅水与巫水交汇处。它像一个巨大的犁头，深深地犁入我国大西南腹地，并由此成为沅水流域生活物资集散与物流转运的咽喉之地。

　　洪江的水运不仅仅是一种经济活动，更是一种文化现象。船只穿梭于江面，不仅是商品的流动，也是文化的交流与融合。每一次航程，都伴随着故事的传递，每一次停泊，都是不同地域文化的碰撞。在这里，你能听到各地的方言，品尝到不同风味的美食，感受到多元文化的魅力。

　　如今，虽然现代化的交通方式已经大大改变了人们的出行习惯，但洪江的水运文化依然散发着独特的魅力。那悠悠的江水，仿佛仍在诉说着往昔的辉煌，提醒着我们，洪江之所以能成为一颗璀璨的明珠，离不开那流淌不息的江水，离不开那繁荣昌盛的水运文明。

疏浚清水江：古代一次成功的西部大开发

　　洪江古商城坐落于沅江和巫水交汇处，自古以来，优越的地理位置使其自然成为水运交通的咽喉要地。在古代，水运是主要的物流方式，沅江与巫水这两条黄金水道，不仅连接了湘、滇、黔、桂、鄂五

20世纪初洪江码头停靠的麻阳船。

省区，还使得洪江能够便捷地与外界进行货物交换，从而成为区域内的物流集散中心。

清水江，作为贵州省内的第二大河流，不仅蕴藏着庞大的水能资源，还具备着不可小觑的航运潜力。其源自贵州腹地而蜿蜒东出的独特走向，自然而然地赋予了它在贵州"大水运时代"中扮演核心水道的使命与角色，成为连通内外、驱动经济发展的水上动脉。清水江，这条蜿蜒于云贵高原与湖湘大地之间的蓝色绸带，自贵州腹地悠然东流，穿行于都匀、麻江、凯里、台江、剑河、锦屏、天柱，最终在天柱县金子村迈入湖南省域。其在贵州境内的蜿蜒旅程长达487公里，成为连接西南内陆与洞庭湖乃至长江的重要纽带，为贵州物资的流通铺设了一条水上高速公路。下司古镇以下，可通1吨左右的小木船，锦屏以下，可行10吨左右的大木船。从湖南、湖北运送粮食等货物进入贵州，贵州清水江流域的木材外运湘楚，抵达东南诸省。

清初，随着西南地区"改土归流"政策的全面实施，中央政权加强了对边疆的治理，尤其注重疏通沅江上游的清水江，旨在强化与少数民族地区的政治联结，促进经济与文化的深度融合。这一举措有效改善了洪江上游的水运条件，使得云贵高原的丰富物产得以顺畅转入洪江，从而激活了商贸流通，促进了地方经济的显著增长与民众生活的富裕。

在此历史进程中，贵州巡抚张广泗扮演了举足轻重的角色。雍正年间，他认识到清水江航道的瓶颈所在，向朝廷进言："清水江自贵州流出，经湖广黔阳县，沿途怪石嶙峋，严重阻碍舟船通行。"

雍正七年（1729），张广泗携手云贵总督鄂尔泰，共同上书朝廷，倡议大力疏浚清水江，力陈"自贵州至湖南黔阳县，全长逾千二百里，一旦水道畅通无阻，必将极大促进两地物资与文化的交流"。

疏浚方案通过。于是炸江石，除险滩，疏航槽，在岸边山崖开凿栈道纤路等。清水江航道全线贯通后，历史上曾出现过这样壮观的一幕：雍正九年（1731）三月，154艘船只在清水江排成一条长蛇阵，舳舻相接，蔚为大观。

实际上，此次大规模的"疏浚河道"，使清水江全域畅通，被后世论为"古代一次成功的'西部大开发'"，真正惠及的是黔中人民。一江成通途后，出则便利了运载中下游盛产的大量优质木材和中上游清平县（今凯里）所产的优质铅矿石等大宗物产，入则便利了运载大规模应急军粮以及黔中奇缺的盐巴等。史料记载："商贾贸贩由（凯里铅矿）厂陆运至龙头河，凡三十五里。由龙头河水运至清江厅，而洪江，而常德，而汉阳，凡三十八程，汉商而转贩，遂达于四方矣。"

通过清水江这一商路输出的物资，第一大宗便是木材，次为桐油、粮食、五倍子、石膏等土特山货；输入的有棉花、棉纱、棉布、淮盐以及日常生活用品。

在汽车和公路尚未主宰物流的往昔岁月，清水江担当着贵州至关重要的运输命脉角色，这是历代通向大海的水上丝绸之路，滋养着黔南、黔东南沿线十数个府县的民众，孕育了沿岸的繁荣与富饶。在改革开放初期，清水江依然是贵州联通外界的重要水上通道，为黔省打开了通往外界的经济与文化交流窗口。

贵州的山珍土产，诸如稻米、木材、药材、桐油、茶油，以及染布用的蓝靛，皆沿着这条碧波荡漾的航道，经过严格的验关纳税后，经由洪江，运往长江流域；同样，来自长江下游的盐、布匹、百货等商品，则逆流而上，经过洪江，由清水江进入贵州，为省会贵阳提供源源不断的物资补给，而这一过程在凯里下司古镇完成水陆转换，再由挑夫肩扛背驮，翻山越岭抵达贵阳。

在那段辉煌时期，特别是民国初年，瓮洞镇关上村，作为清水江航道上的咽喉要塞，见证了一场场壮观的船运盛况，据说曾有三千余艘船只齐集下司古镇，江面船只穿梭，桨声灯影，关上村街头巷尾，人流如织，逾万人的喧嚣与忙碌，成为那个时代商业繁华的真实写照。当地居民，大多投身于航运、造船、维修、贸易和挑夫等行业，享受着水运带来的生活红利。

值得一提的是，关上村所在的瓮洞镇，被誉为"黔东第一关"，此地扼守湘黔水路要冲，自清代起即设关卡，监管过往船只，征收关税，成为贵州东部水路上的一道重要屏障。1937年，民国政府在此立下"黔东第一关"石碑，由时任厘金局局长胡为乎亲笔题字，铭记了这一历史关隘的荣耀与责任。

潕阳河的航运辉煌

潕阳河水道自战国以来一直通航，为湘黔交通的一大孔道。旧州至镇远之间，可通行1吨左右的小木船，镇远至洪江之间，可通行10

吨左右的大木船。这一水路是清代连接贵州和湖南的重要通道，据史料记载："昔日，省内外之客、物运输，大部经此河道。"通过此河输入的主要货物是棉纱、布、淮盐等，输出贵州的土特产品，如桐油、粮食、五倍子、烟叶、猪鬃、石膏等。

镇远，这座历史与文化交融的古城，素有"西南大都会"之美誉，其辉煌历史与㵲阳河上的繁忙水运息息相关。㵲阳河，古称沅溪，位列五溪之一，作为沅江上游一条重要支流，源自贵州瓮安，蜿蜒流经武陵山脉，汇入沅江。镇远城内至今犹存12座气势恢宏的古码头，静静诉说着作为商贸重镇的辉煌过往。

陆路之上，镇远同样占据要冲，它是古代中原、江淮通往云南、缅甸驿道上的关键节点，既是军事要塞，亦是商旅险关。早在战国，楚国自云南丽水冶炼所得之黄金，便经由镇远水路，运抵国都郢城，彰显其战略地位之重要。爱国名臣林则徐，多次旅途经此，留下脍炙人口的七言诗《镇远道中》："两山夹溪溪水恶，一径秋烟凿山脚，行人在山影在溪，此身未坠胆已落"。描述了㵲阳河畔山峻水急的惊险之旅。

尽管㵲阳河水流湍急，却无碍其成为黔东水陆交通枢纽。古籍记载"商贾辐辏，乃滇楚要枢"，它不仅控制黔东，还辐射沅水流域，汇聚百工，流通货品，顺流直下辰州、常德。

镇远因此成为湘楚物资水运的起点和终点站，同时也是经陆路向贵州腹地

20世纪60年代，萝卜湾江面上的木排。这里江面宽阔，江水深而不激，一岸是山崖，一岸是河滩，最适合编扎大型木排。久之，自然形成了一个集木材交易、贮存、转运于一体的木材集散地，同时也为洪江经济带来了繁荣。

输送货物的集散中枢，贵州的船只由此出发，沿潕阳河、沅水，转入长江，通达全国各地；而来自四面八方的船只，则逆流而上，抵达镇远，再分转贵州各地，形成了一条繁忙的物流循环链。

镇远独特的地理位置，是奠定它成为黔东重镇的基石，吸引了各地商贾纷至沓来，在此设立商号，将其作为拓展黔中市场的前沿阵地，并逐步发展成为全省水运最为发达的商业中心。商业的兴盛不仅推动了镇远经济的飞速增长，也促进了城市布局的完善，府城与卫城隔潕阳河相望，形成了以河为界的独特城市格局，州街、辰州、南京、江西、抚州、普定、东关等八大街市繁华异常，其中江西商帮势力尤为显著，独占两街，展现了其雄厚的经济实力。

外省商人的活跃，让镇远成为黔东地区物资交流的枢纽，据统计，清末镇远的十多个码头，年货物吞吐量可达数百吨，涉及茶叶、蚕丝、药材、山货等土特产及日用百货的输出，同时接收来自省外的粮食、布匹、棉纱、蓝靛等商品。

潕阳河，以其全年水流平稳、四季通航的特质，被誉为贵州境内最优美的航道，是水路交通的佼佼者。尤为重要的是，这条河流如同一条活力涌动大动脉，将云贵高原与长江下游诸省乃至华北紧密相连，构筑起云贵与全国市场及交通网络的桥梁。航道上通行民帆船，来往运输的物品以木材、桐油、粮食、皮革、茶叶、布匹、竹、猪等项最多，通过洪江古商城这一关键节点，顺畅地运往常德、汉口，乃至上海、北京，促进了区域经济的繁荣发展。

在公路、铁路等现代运输方式尚未兴起的年代，相对贵州山区崎岖难行的陆路，潕阳河航道的意义尤为凸显。它不仅为贵州打开了通往外界的重要通道，还成为重型物资输入的必经之路。

清末，贵州青溪铁厂筹建之时，从英国引进的一套重达1780吨的生产设备及配套耐火材料，于光绪十四年（1888）分三次，从上海启程，沿长江逆流而上至宜昌，再转至湖南，最终依赖潕阳河这条黄金水道，安然送达镇远青溪，可见这条古老航道在近代工业化进程中起到的关键作用。

在这繁忙的物流网络中，洪江古商城扮演了关键的中转角色。潕阳河上，帆影重重，货船穿梭，南北往来的繁荣景象，成为那个时代商业活力的最佳见证。

渠水航运：五溪之地的隐秘脉络

在五溪之地的蜿蜒脉络中，渠水作为一条隐秘而重要的水路，自贵州黎平的崇山峻岭中发源，蜿蜒曲折地流向湖南，其航运故事与洪江商埠的繁荣景象紧密相连。

渠水从茂密森林和险峻山岭中潺潺流出，以其丰富的水资源和蜿蜒曲折的航道，孕育了沿途的自然生态与人文景观。上游地区虽因山岭重叠、航道险峻，给早期的航运带来了挑战，但也激发了沿岸人民与自然斗争的智慧，逐渐开辟出可以通航的水道。进入湖南后，随着地势的缓和，渠水的部分河段得以分段通航，为货物运输和人员往来提供了可能。

渠水在湖南省境总长约 220 公里，水流湍急，且多礁石沙滩，沿岸途经通道县城、连山铺、会同县城、朗江铺、托口等处，通行划船、小驳船等，运输货物以杉木、米、桐油、茶油、竹排、木排、杂货等项为最多。民国时，渠水主要客运航线在通道至黔阳之间，约 128 公里。随着渠水航运条件的改善，来自渠水上游的丰富物产得以顺流而下，汇聚于洪江。

各类商品在洪江这个天然物流节点上重新整合，再通过沅江航道，远销至长江中下游乃至更广阔的区域。与此同时，来自外界的丝绸、瓷器、盐巴等商品，则逆水而上，通过洪江商埠进入云贵腹地，进而满足当地市场的需要。

渠水航运的发展，为洪江商埠的崛起提供了强有力的物流支持。商人们利用这条水上通道，不仅降低了运输成本，提高了效率，还拓宽了贸易版图，使洪江迅速成长为一个集散货物、汇聚四方商贾的繁华之地。反过来，洪江商埠的繁荣又促进了渠水航运的进一步发展，商人们在洪江设立的商行、码头、仓库等基础设施，不仅便利了货物的装卸和储存，也间接推动了航道的维护与改善，形成了一个良性循环。

巫水航运：洪江古商城的命脉与灵魂

湘西南的崇山峻岭之间，有一条古老而又神秘的河流——巫水，自城步苗族自治县南山的云雾深处潺潺而来。对洪江古商城而言，巫水不仅是滋养其生长的母亲河，更是这座城市商业繁荣、文化交流的命脉与灵魂所在。城步苗族自治县和绥宁县林区所采竹、木皆由此水运输。

巫水，古称雄溪，其源头位于城步南山的崇山峻岭之下，海拔高达千米以上，四周被原始森林覆盖，山泉汇流，水质清冽，自古便是沿岸居民生活的源泉。随着山势跌宕，巫水蜿蜒东流，穿越城步、绥宁、会同，最终在洪江汇入沅江，全长约244公里。这条河流的每一滴水，都承载着大自然的馈赠，滋养了沿途的土地，孕育了丰富的物产与多元的文化。

对洪江古商城而言，巫水航运的重要性不言而喻。自古以来，巫水航道因其独特的地理位置和便利的水运条件，成为湘西南与外界交流的重要通道。民国时期，巫水的主要航线，在绥宁与洪江之间，约75公里航程。木材、桐油、茶油、药材等山货，以及当地的手工艺品，通过巫水航道源源不断运出，远销至长江中下游乃至更远的地区。同时，来自外界的盐巴、丝绸、瓷器等商品，沿着巫水逆流而上，满足湘西南地区人民的需要。

巫水两岸原始森林密布，这里曾经是重要的"皇木"——金丝楠木的产区。大量的金丝楠木从城步、绥宁进入洪江，再转运北方。

巫水航运的兴盛，不仅带动了洪江古商城的经济繁荣，更孕育了独特的水运文化。沿岸的码头、船埠、会馆、商行见证了洪江的商业辉煌。船工号子、水上集市、船帮文化等，都是巫水、沅水航运留下的深深烙印。古商城内上至建筑布局、街道规划，下至饮食习惯、方言俚语等，无不透露着巫水航运对地方文化的影响。巫水不仅是一条物质交流的通道，更是精神文化交融的纽带。

随着时代发展、现代化交通工具的兴起，巫水的航运功能逐渐减弱，但其在洪江古商城历史上的重要地位不可磨灭。今天的巫水两岸，古朴的吊脚楼、青石板路依旧讲述着过往的繁荣，而那些被岁月打磨的老码头、旧船坞，成了人们追忆往昔、探寻古商城历史的宝贵线索。近年来，随着文化旅游的兴起，巫水航运的文化价值被重新发掘，乘船游览巫水，体验古航道的风情，成为了解洪江古商城历史与文化的新窗口。

溆水航运：写满楚辞的河流

溆水，一条流淌着历史与文化的河流，自古以来便是溆浦这片古老土地上对外沟通的黄金水道。回望遥远的古代，当溆浦还是一片蛮荒之地时，溆水河便以其独有的温柔，承载着当地人民与外界交流的希望，悠悠流淌，成为连接文明的桥梁。

屈原，这位伟大的爱国诗人，2000 多年前在这片土地上留下了不朽的足迹。在《涉江》的悲壮旋律中，溆浦的名字首次被历史铭记。屈子在此地徘徊，以笔为舟，以诗为桨，完成了《橘颂》《九歌》等一系列楚辞名篇，溆水因此拥有了深厚的文化底蕴。为了纪念这位伟大的诗人，溆浦人修建了"涉江楼"，一座巍峨的八角塔楼，矗立在城北防洪大堤之上，与官码头相依，与历史隔空对话，成为溆水河畔一道独特的风景。

时光悠悠流转至清末民初，溆水河的航运迎来了它的鼎盛时期。六处货物集散码头，如大江口犁头咀码头、王家香路岩码头等，不仅见证了货物的繁忙交换，也映射了社会经济的繁荣。这些码头中，既有为贵族服务的私家码头，也有供普通民众使用的公共码头，如溆城官码头，它不仅留下了古代官员的印迹，也承载了民众生活的烟火。每年数千吨的货物在此装卸，维系着地方经济的命脉。

客运航线的开通，让溆水河更加繁忙，从溆水至辰溪的水路，成为人们出行的重要选择，木船悠悠，承载旅人的梦想与期待。新中国成立后，随着社会的快速发展，溆水航运的货运量实现了飞跃式增长，从 1950 年的 5000 吨，到 1965 年的 2.27 万吨，见证了时代进步的奇迹。

随着现代化进程的推进，溆水航运的命运发生了转折。1965 年后，因鱼米溪电灌站拦河坝的建设，溆水的航运功能被切断，那些曾经繁忙的码头、穿梭的船只，渐渐沉寂，成为一段尘封的记忆。溆水河，这条曾经承载着无数故事与梦想的河流，虽然不再承担航运的重任，但它作为溆浦历史与文化的一部分，永远流淌在溆浦人的心中，成为一种情怀、一种传承。

辰溪大河通洪江

辰溪，亦称辰水，一条历史悠久且充满魅力的河流，作为沅江水系的重要组成部分，其航运历史与洪江的商贸发展紧密相连，共同书写了湘西南地区经济与文化交流的辉煌篇章。在湖南境内，辰水蜿蜒约 160 公里，其特点在于水流湍急，河床上遍布礁石，为航行增添了挑战。

自然条件限制了大型船只的通行，辰水流域故而一直是小型船只活跃的舞台。这些轻巧的船只穿梭在急流与礁石之间，承担着物资运输的重任。货物种类主要包括谷米、桐油和各类杂货，这些商品的流通反映了辰水流域农业与手工业的繁荣，以及与外界市场的紧密联系。

辰水与洪江的关联，体现在两个层面。首先，作为沅江的重要支流，辰水的航运网络与沅江航道相衔接，为洪江古商城提供了重要的物资来源和输出通道。辰水带来的物资，如谷米、桐油等，不仅丰富了洪江市场的商品种类，也为洪江的工商业发展提供了原材料，促进了当地制造业、加工业的兴起。

其次，辰水与洪江之间形成的水路联系，加强了两地及周边地区的经济互动和文化交流。辰水流域的货物在洪江交易后，通过沅江航道进一步转运至长江中下游乃至更远的地区，同时，外来商品也能逆流而上，进入辰水流域，促进了区域内的商品流通和经济一体化。这种水路交通网络的形成，使得辰水流域与洪江之间的经济联系更加紧密，共同促进了区域经济的繁荣和社会的进步。

辰水不仅是一条自然水道，更是联结历史与现代、山区与平原、物资与市场的纽带，它与洪江古商城的互动，共同塑造了湘西南地区独特的经济地理格局。

酉水航道：穿越湘西的古朴脉络

在湘西州北部的龙山、永顺、保靖、古丈等县，酉水航道宛如一条蜿蜒的翡翠丝带，悠悠流淌，将这些山城古县与广阔的外界紧密相连。酉水，作为沅江的主要支流之一，全长约 308 公里，贯穿湖南省多个县境，其历程既是一部自然造化的杰作，也承载着厚重的人文历史。

旧时的酉水，以其滩多浪急、洪水频发而著称，河道多变，对水路运输构成严峻挑战。正是这样的自然条件，激发了先民们不屈不挠的治水精神。自明清"改土归流"政策实施以来，历代地方官吏均致力于酉水航道的治理与疏浚，留下了诸多可歌可泣的治水佳话。乾隆年间的《永顺府志》记载了知府曾宗发的《修猛洞河禀》与湖南巡抚陈弘谋的《饬修牛路河檄》，展现了前人治理水患的决心与智慧。

民国时期，湖南省政府亦高度重视酉水航道的改善，特邀扬子江水利委员会的专家，对酉水龙潭至沅陵段进行了大规模的航道修复，炸礁清道，修缮纤路，极大地提升了航道的安全性和通航能力。

新中国成立后，酉水航道的治理进入了新纪元。1957年至1987年，历经30年的不懈努力，共整治河滩330余处，排除险滩50多处，确保了酉水航道的长期稳定与畅通，为沿岸地区的经济发展奠定了坚实的水上基础。

酉水及其支流，如北河、猛峒河，不仅是自然之美的展现，也是经济活动的动脉。北河，作为保靖通往永绥进而连接贵州松桃的重要水道，尽管河滩密布，但民帆船依旧往来频繁，载运着桐油、豆子、盐及各类南货，维系着边贸的繁荣。猛峒河，作为古丈与永顺间唯一的水上走廊，尽管航道狭窄，却见证了布匹、盐、杂货及地方特产五倍子与桐油的流通，呈现了一幅幅生动的水上商贸图景。

酉水航道，不仅是一条自然形成的水路，更是湘西文化与经济交流的活历史，它见证了时间的流逝，承载了世代人民的智慧与汗水，至今仍流淌着生生不息的生机与希望。

巾帼传奇：洪江、辰溪、沅陵女子船队的光辉岁月

20世纪70、80年代，在怀化地区蜿蜒的沅水流域，绽放着三朵航运界的奇花——洪江、辰溪、沅陵三地的女子运输船队。这群勇敢的女性，打破了千年的性别界限，她们如同江上的巾帼英雄，驾船破浪，为怀化的山区建设奉献青春，为水路运输史书写了不朽的篇章，她们的业绩值得永远传颂。

1969年，湖南成为"三线"建设的重点，1970年，湘黔、枝柳铁路的建设浪潮使得洪江古商城的水运面临前所未有的压力，货物堆积如山，运输任务艰巨。1971年3月8日，洪江航运公司的女子船队在地区民运处和妇联的支持下应运而生，她们首航黔城成功，不仅是一次技术与勇气的展示，更是一次性别平等的突破。在经验丰富的陈顺德大副的指导下，这支平均年龄37岁的队伍，穿梭于黔城、安江、大江口等地，为沿线的经济发展注入了强劲动力。

辰溪县航运公司女子船队紧随其后，成立于1976年，这群平均年龄30岁的女性，在长达14年的航行生涯中，以女性特有的细腻和坚韧，克服了"三垴九洞十八滩"的重重困难，为凤滩电站和辰溪火力发电厂等重大工程运输了大量物资，成为当地经济发展不可或缺的力量。她们不仅保证了运输的安全高效，还将女性的柔韧与细致融入每一次航行，赢得了广泛的赞誉。

20世纪70年代初期，洪江航运公司的女子船队。

1978年，沅陵县航运公司也组建了女子船队，18名女性船员勇敢地踏上了征途，她们在实践中学习，在挑战中成长，不少人获得了专业资格认证，成为真正的航运专家。

然而20世纪90年代，随着市场竞争加剧、水运条件变化，以及新型船只的普及，传统的木质船队和人力操作模式逐渐被淘汰，这些女子船队也淡出了历史舞台。1992年，沅陵县女子船队正式解散，标志着一个时代的落幕。

百舸争流：水上丝路通道

"高山伐树咚咚响，阿哥放排下洪江。"千百年来，流行在洪江上游的这首民歌至今还在传唱。洪江，这座镶嵌在沅水上游的璀璨明珠，凭借其独特的地理位置和丰富的水系资源，自古以来便是湘黔桂交界地带的航运枢纽。尽管地域狭小，却坐拥沅江、巫水、氵㲽水交汇之利，江面开朗，水流湍急，因此得名"洪江"。这里不仅是西南交通的咽喉，更是商品交流的热土。

洪江地理位置优越，沅江、巫水、氵㲽水在境内交汇，加上不远处的渠水，形成了一张四通八达的水上交通网，连通湘、滇、黔、桂、鄂等地。各条水路延伸至周边省份，成为跨区域物资交流的命脉。

水上丝绸之路，其历史可至3000年前的商代，四川的物资源源不断地沿长江转入酉水，穿越酉阳、秀山，最终在沅陵汇入沅江。这一路，它们在湘西洪江完成关键的船型转换，搭乘苗族特制的船只，穿越贵州黄平的且兰古国故地，沿清水江源头启程，而后借助马帮的力量，穿行云南、缅甸或越南，最终跨越陆地或海洋，连接起遥远的西域。在此过程中，洪江作为丝绸之路上不可或缺的中转站，自然而然地孕育出繁荣的商业文明。

明朝嘉靖、隆庆年间，洪江商人敏锐地把握住时代脉搏，大力拓展了商贸业，由此也改变了传统社会阶层的排序"士农工商"为"士商农工"。明清时期，洪江古商城发展为控制湘、滇、黔、桂、鄂五地物资流通的战略要地，被誉为"五省通衢"，商旅络绎不绝，店铺林立，江面千帆竞渡，一派繁荣景象。

1934 年的洪江，近半数居民投身商海，货币流通量仅次于省会长沙，成为名副其实的经济重镇。沈从文在《常德的船》中对"洪江油船"极尽赞美，言其规模宏大、色彩鲜明，承载着巨额贸易量。《黔湘水道查勘报告》记载，常驻洪江的木帆船数量高达 511 艘，市井繁华可见一斑。抗战期间，洪江作为"大后方"，吸引了全国乃至海外的商家，商铺数量超过 1300 家，并有 23 家钱庄，堪比现代的"华尔街"。

洪江自古以来就是连接东西、贯穿南北的水上交通枢纽，从宋代的博易场，到明清时期的五省通衢，再到近现代的经济重镇，洪江的商贸故事是一部不断演变与创新的历史。

然而，自然条件虽赋予了洪江优越的水运资源，其航运也面临着挑战，如急流险滩频现，加之过去运输工具较为落后，航行风险较高。

新中国成立后，通过持续的航道整治和疏浚，洪江的水路运输能力得到了显著提升，航道变得更加安全可靠。如今，洪江不仅承载着湘黔桂边区的经济与文化交流，更在现代化的浪潮中，继续书写着属于自己的时代篇章。

沅江巨镇：大山深处的繁华与梦想

清康熙二十六年（1687）的冬日，辽阔的沅江之上，一艘华美的巨舟破浪而来，宛如一幅缓缓展开的水墨画卷。舟中之人，乃礼部行人司官员徐炯，肩负着传旨与考察的重任，正从遥远的云南返回京城。12 月 16 日，当舟行至黔阳县，再往前行，一座繁华巨镇映入眼帘，令徐炯为之注目，心生惊叹。

那日，天色阴沉，却掩不住洪江的勃勃生机。徐炯在《使滇日记》中写道："十六日，天阴……巳刻发棹，过鸬鹚滩，行六十里至洪江，烟火万家，称为巨镇。"寥寥数语，宛如时间的信使，穿越三百三十余载，将洪江昔日的辉煌画卷呈现在世人面前。彼时的洪江，商船穿梭，油船、货船、木筏交织成一幅繁忙的水上贸易图景，万家灯火，熠熠生辉，昭示着这座巨镇的繁荣昌盛。

清康熙年间，洪江便以其独特的地理位置与繁荣的商贸活动，成为沅江流域一颗璀璨明珠，享有"巨镇"美誉。到了民国时期，洪江的繁华不仅未减，反而更上一层楼，其发展之迅猛，使其地位显著提升，被誉为"小重庆"。

民国时期，洪江的经济与文化达到了一个新的高度。现代文学大师沈从文在其散文集《湘西》中深情描绘："由辰溪大河上行，便到洪江。洪江是湘西中心，市区在两水汇流的一个三角形地带，三面临水，通常有'小重庆'称呼"。

沈从文笔下的洪江，不仅是湘西的商贸枢纽，更因其地形地貌与

重庆相似，获得了"小重庆"的雅号，彰显出其在民国时期的重要地位。

从康熙年间的"巨镇"到民国时期的"小重庆"，洪江的发展历程，是一部鲜活的城市进化史。它不仅见证了中国近现代史上地方经济的蓬勃发展，也承载着深厚的文化底蕴与历史记忆。徐炯与沈从文分别记录了洪江两个时代的辉煌，更赋予了这座城市一份永恒的文化魅力。

如今，当我们回望这段历史，洪江依然在诉说着关于勇气、智慧与梦想的故事。徐炯的日记与沈从文的散记，不仅是历史的见证，更是一幅幅生动的历史画卷，引领我们穿越时空，感受那一抹时空光影下的繁华与梦想。

巨幅油画《烟雨洪江》，长 9 米、宽 3.2 米，画中人物 1800 余人。该画由怀化籍旅美画家周孜孜、钟诚及其团队，历时两年倾心打造而成，画面令人震撼，艺术地再现了明清时期商贾重镇洪江列肆如云、会馆林立的盛景。

第三章

洪江商城
地处五溪蛮地的传奇之城

洪江商埠，一座深藏于湖南西部山区的古老商城，以其独特的魅力在中国近代史上留下了浓墨重彩的一笔，被誉为"中华商业故宫"与"西南大都会"。作为"五省通衢"的核心，洪江利用其地理优势，使得来自湘、鄂、黔、滇、桂五地的物资与人流得以在此汇聚、分流，极大地促进了商品的流通与市场的繁荣。

除了得天独厚的水运条件，洪江商业帝国的兴起，还要依赖于它的四大支柱产品：桐油、木材、白蜡、烟土。

前世今生：洪江的历史沿革与地理

洪江，这座隐匿于湘西群山之间的古城，战国属楚地，秦为黔中郡地。西汉高祖五年（前202），置镡成县，县治在黔阳西南，属武陵郡。东汉、三国因之。晋代亦归武陵郡；隋朝则成为沅陵郡龙标县的一部分。唐时，它被划入朗溪县；五代时期，洪江一度被少数民族豪族控制；直到宋熙宁八年（1075）设立洪江铺，属沅州；宋元祐五年（1090），正式设立洪江砦，隶属于黔阳县，随后几经变迁，归属靖州三江县，再改三江县为会同县，元、明、清三朝均保持此行政归属。清末，洪江镇设立；民国初期，洪江继续隶属于会同县，直接归省管辖。

洪江商埠依沅、巫两水而建，成形于元末明初。早年的洪江，因沅水之上游水道狭窄，行船艰难，洪水季节泛滥无常，枯水期则河床裸露，严重阻碍了水路交通和经济发展。随着时间的推移，自然条件的改善与人们的不懈努力，河道得以拓宽，水运复兴，人口增长与交通便利，促使洪江逐渐成为连接上游资源与下游市场的纽带。木材、桐油等物产顺流而下，洪江由此变身成为湘西地区的重要商镇，成为湘黔两省物资交流的关键通道，吸引着众多工匠和商贾聚集，金融流通与货物转运皆以洪江为中心，成就了其作为湘西独一无二商埠的地位。

地理位置上，洪江坐落于湖南省西部边缘，与黔阳、绥宁相邻，具体位于会同县东北部，三面环水，东北方向为沅水，西南则有巫水（又称洪江、雄溪或熊溪）环绕。城市依嵩云山山麓而建，受限于地形，街道狭窄且蜿蜒，长度虽达十里，却仅适合步行，交通工具主要依靠人力山轿。

洪江属亚热带季风湿润气候区，四季分明，雨量充沛，光照充足，无霜期长，为树木提供了有利的生长条件。春季的适量降水和温暖气候有利于树木萌芽和生长；夏季的集中降水虽然有时会带来山洪，但也为树木提供了必要的水分；秋季的干燥则有助于树木木质化，增强抵御冬季严寒的能力；冬季虽冷，但由于无霜期较长，减少了低温对树木的危害。这样的气候条件非常适合油桐树、白蜡树和杉木等树种的生长。

洪江的自然环境颇为独特，四面环山，地势较高，导致气温较低，即便是夏季，早晚亦需添衣保暖；冬季严寒，春季湿冷，室内取暖仍是日常所需。雨季集中在五、六月，雨量充沛，而秋冬季节则相对干燥。由于山地地形，气候调节不易，降雨时常持续多日。

洪江的历史沿革与地理环境，共同塑造了这座城市独特的风貌与气质，使其在历史长河中保留了原始的野性与挑战，见证了商业文明的繁荣与变迁。

桐油：液态黄金，自然的馈赠

油桐，原产我国，属大戟科油桐属，是重要的工业油料树种，现世界栽培的油桐皆源出我国。远在公元前 6 世纪，范蠡与勾践对策时曾说过："桂实生桂，桐实生桐"（《越绝书》卷四）。明代徐光启

所著《农政全书》，详细地记述了油桐的栽培技术。油桐种子榨出的油称为桐油，在工业上具有广泛用途，据不完全统计，有 1000 种以上的工业产品与桐油有关，因此，桐油是我国大宗传统出口商品。

13 世纪，意大利著名旅行家马可·波罗在他的游记中，把中国桐油灰抹船的妙法，介绍到了西方："用一种油灰来抹船底。制法如下：人们用生石灰

洪油制作并经检验合格后，用木制的圆桶包装，用特制的材料进行裱糊、密封，可以防止洪油渗漏。桶外贴有品牌商标和生产商号，每桶重 68.5 斤，净油 60 斤。图为工人正在给外销美国的桶装洪油编号。

和切细的大麻（一种植物）混合起来捣烂，再加入从一种树上取下的油脂，制成一种软性油灰。这种油灰保持的黏性，比沥青更牢固更好。"

桐油，这一源自油桐树果实的天然产物，不仅是古代至近代中国一项重要的工业原料，更是昔日洪江商埠经济繁荣的重要支柱。

油桐树属落叶乔木，树高 2~5 米，木质较脆，材质粗松。幼龄树长势旺盛，粗生快长。管理得当，栽后 3~4 年开始挂果，8 年后进入高产期，单棵油桐树产果 200 千克以上。俗语云："头年土里困，二年一根棍；三年能拴牛，四年可打油。"

洪江所在的湖南地区，得天独厚的地理条件特别适合油桐林的种植生长。每年春季，油桐花开，预示着收获的希望，而秋季则迎来了

传统工艺榨制桐油。

油桐果的丰收。通过传统的手工采摘、剥籽、晒干、榨油等一系列烦琐的工序，油桐籽最终转化为清澈透亮、质地优良的桐油。

洪江地处湖南西部的沅水上游，云贵高原东部的雪峰山区。平均年降水量1378mm，年平均气温17℃，全年无霜期298天，属亚热带季风湿润气候。土壤质地良好，成土母质以变质岩、花岗岩、石灰岩等风化物为主，形成红壤、黄壤、冲积土等多种土壤类型。从气候、土壤、地质、地貌看，洪江非常适宜油桐树的生长。

洪江周边的油桐主要分布在托口、江市、红岩、太平、双溪、土溪、龙田、岔头、茅渡、大崇以及会同县境内乡镇等地，其他地方也有零星分布。

每年农历九月，油桐树果实开始成熟，人们开始上山采摘桐籽，次年夏季便开始榨桐油。采摘回来的桐籽要经过剥籽、晒籽、破籽、制饼、装饼、打油等多道工序后才能榨出油。

洪江桐油产业的辉煌，离不开沅水这一天然的交通大动脉。作为连接五省区的水上通道，沅水为桐油及其他商品的运输提供了便利，使得洪江成为西南地区的商品集散中心。

油桐树在湖南的湘、资、沅、澧四大流域皆有种植，沅水居于首位，占全省的一半以上。如1935年，沅水流域产桐油共计40多万担；澧水流域产桐油10万担；湘水流域8万余担；资水流域仅2.5万担。

1869年桐油开始出口美国，以后逐渐推广到各国。1933年，我国出口桐油1246847担，其中美国879100担。19世纪中后期，随着桐油出口美国并逐渐扩展到世界各地，沅水航道成为桐油走向国际市场的关键桥梁。

桐油，这一看似普通的植物油，通过洪江人民的智慧与勤劳，不仅成为当地经济的支柱，更在国际贸易中占有一席之地，展示了中国传统产业与自然地理优势相结合所能释放的巨大能量。洪江桐油业的兴衰史，是自然、技术、市场与人文因素共同作用的结果，是中国近代商品经济发展的生动案例，也映射出中国与世界贸易互动的悠久历史。

木材：水网汇聚的产业

洪江古商城的繁荣与木材业的发达息息相关，木材作为古代至近代中国重要的自然资源，官方与民间对木材的双重需求，共同塑造了洪江木材业的繁荣景象，这一现象不仅体现在对高品质木材的追求上，更深入到社会经济结构的多个层面。

在古代，尤其是明清时期，官方对木材的需求主要体现在皇室建筑、公共设施以及军事用途上。楠木和杉木因其材质坚硬、耐腐性强，成为建造皇家宫殿、园林、庙宇及桥梁的理想材料。朝廷对这些木材的大量采办，不仅是为了满足物质建设的需要，也是展示国力强盛和皇权威严的一种方式。

洪江因其地理位置靠近优质林区，且水运便利，自然成为皇木采办的重要集散地。清代末年，杨恒源油号获得向京城直接供应皇木的特权，不仅提升了洪江木材业的声望，也反映了官方对洪江木材品质和供应链能力的高度认可。

洪江排工正在扎排、编排作业。

与官方需求并驾齐驱的是民间对于木材的广泛需求。随着人口增长和城市化进程，民间建筑、家具、农具、日常生活用具等都对木材有着巨大的需求。特别是在明清时期，随着商品经济的繁荣，民间市场对高质量木材的需求日益增长，这促使洪江的木材商们不仅关注皇木采办，也开始重视民用木材市场。

民间需求的多样化和规模化，推动了洪江木材加工技术的发展，衍生出了各式各样的木制品，如家具、门窗、船只等，丰富了市场供给，促进了手工业和商业的繁荣。

官方与民间对木材的双重需求共同促进了洪江木材业的发展。官方的大规模采购带动了木材市场的规范化和专业化，提高了木材的质量标准，同时也带动了运输、仓储等相关产业链的发展。同时，民间需求的多样性促使木材产业链更加灵活和多元，以应对不同市场层次

和消费群体。这种官民互动不仅促进了木材产业的内部细分，还带动了周边产业如水运、金融、餐饮住宿等行业的发展，构建了一个以木材为核心的区域经济网络。

丰富的木材资源主要分布在湖南、贵州、四川三省，特别是湖南西部，是优质木材的重要产地。金丝楠木等珍贵木材多生长在湘黔交界的偏远山区，如城步、绥宁、锦屏、天柱等地。洪江根据木材的来源地将其分为四大类：苗木、州木、广木和溪木。前三者合称"大河木"，以质地优良著称，而溪木则因形态不规则而品质略逊，但总量庞大，同样不可或缺。

木材贸易的繁荣催生了独特的木排运输方式，那是一种浩大的场景。无数圆木被编成庞大的

木排，沿清水江、渠水、巫水等河流进入沅江，最终抵达洪江。这些木排被形象地比喻为"水上长城"，在沅江上形成连绵不断的壮观景象。据统计，在洪江水运的鼎盛时期，水面上的船只与木排数量近千艘，参与水运的人员超过万人，充分体现了木材贸易对当地经济的拉动效应。

洪江凭借其优越的地理位置和便利的水运条件，成为黔、桂及湘西南地区最大的木材集散地。所有运抵洪江的木材必须通过当地的木行交易，之后再由木商组织加工成"洪排"，沿水路远销常德、汉口、镇江等地。数十家活跃的洪江木行，以及输出量高达 78 万立方米、价值 700 余万银圆的交易记录，证明了木材业在洪江经济中的支柱地位。

白蜡：树与虫的共生情缘

白蜡，这一古老而又神奇的自然资源，不仅承载着丰富的历史文化价值，更是洪江商品经济四大支柱之一，因其独特的地位和广泛的用途在历史的长河中熠熠生辉。

白蜡树，广泛分布于中国中南部至东南部，以其树皮、木材及白蜡虫分泌的白蜡闻名。该树种适应性强，耐寒热、耐水湿、耐干旱，对环境要求不高，是大自然赋予的宝藏。而白蜡虫，一种神奇的小生物，寄生于白蜡树上，其分泌的白蜡，自古以来便是医药、照明、工业的珍贵原料，享有"蜡中之王"的美誉。

在中国古代，白蜡不仅是重要的医疗资源，用于治疗创伤、止血、接骨等，还扮演了照明的角色，是古代夜间光源的革命性材料。唐代以后，白蜡蜡烛的普及，改变了人们的生活习惯，延长了夜晚的活动时间，促进了文化、学术的发展。"春蚕到死丝方尽，蜡炬成灰泪始干"，这句诗深刻表达了白蜡在文化中的象征意义，寓意着无私奉献与牺牲精神。

白蜡产业的兴起，与药王孙思邈密切相关。据传，他在四川峨眉山的发现与研究，开启了白蜡的人工生产历史。孙思邈不仅发现了白蜡的药用价值，还推广了白蜡虫的饲养技术，使白蜡生产从自然采集转向人工培育，大大提高了产量。白蜡产业因此在宋元时期开始发展，至明代达到鼎盛，四川、湖广、江浙等地皆种植白蜡树，放养白蜡虫，形成了成熟的产业链。

在湘西，天然白蜡的制作是一项融合自然馈赠予匠人心智的传统工艺。这一过程始于蜡虫的精心饲养与投放，选用棕叶包裹蜡虫种，确保其安全抵达预定的培育地。一旦抵达，便改用本地特有的黄茅草——一种蜡虫钟爱的寄宿媒介，重新包裹虫种，细心地安放在茁壮的蜡树上。温暖的气候如同催化剂，促使这些包裹中的红色微小生命迅速孵化，形似蚁群的蜡虫就此诞生，布满枝头，待时机成熟，再迁移到新的树上继续滋养，历经春夏两季的洗礼，蜡质悄然生成。

白蜡的采集与熬制阶段，是一门耐心与技巧并重的艺术。约莫一月后，蜡虫经历两次蜕变，雌虫完成使命，而雄虫则身披厚度约6~7毫米的白色蜡质，化蛹静待蜕变。夏末秋初，是收获的时刻，工人细致地从树上摘下蜡虫与蜡质共生的结晶，这宝贵的原材料被唤作蜡毛或蜡花。

接下来，是转化的魔法。将蜡花置于大锅，注水慢炖，火候恰到好处，蜡花逐渐溶解，虫体沉底，而蜡脂浮于水面，仿佛自然的馈赠与人工的分界。捞出蜡脂，过滤杂质，再倒入特制的铁模或瓷皿中，等待冷却凝固，那一刻，乳白色的蜡饼，如同初雪般纯净，便是市场所见的成品——天然白蜡，凝聚了匠人的智慧与自然的双重恩赐。

白蜡产业的发展，不仅为从业者带来丰厚的经济回报，还带动了相关产业链的兴起。如"虫会"与"蜡会"等交易会的形成，促进了区域间的商品流通与经济繁荣，沿线的旅馆、饭店等服务业也随之发展，甚至影响了城镇的兴起。

湖南白蜡以芷江产量最大，泸溪、溆浦、临武、古丈次之，辰溪、黔阳亦有生产。根据调查，20世纪40年代后期，芷江白蜡年产量约9万斤，泸溪5.83万斤，古丈1.7万斤，湖南全省为19.9万斤。湖南的白蜡多通过洪江集散、转运，"川楚之丹砂、白蜡乘流东下，达洞庭、绝长江而济吴越"。

尽管现代社会白蜡的照明用途已被替代，但其独特的化学性质使其在现代工业、医药、军工等领域仍有不可替代的价值。白蜡的高熔点、稳定性、防水防腐特性，使其成为精密铸造、防锈剂、润滑剂等领域的优选材料。四川峨眉和湖南芷江等地，作为白蜡产业的传统基地，正致力于产业的复兴与升级，使其作为乡村振兴的重要项目，继续谱写白蜡与人类社会共生共荣的新篇章。

烟土：畸形社会的畸形商品

虽然"虎门销烟"警醒了国人，但中国人并未远离鸦片之患，甚至还有人主动拥抱这个消磨中国人心神与意志的毒药。这样的事情就发生在清末民国的混乱时代，那个时代烟土一度成为畅销的商品被商人们售卖到全国各地，毒害了无数中华儿女。当时，烟土成为商业领域的"明星产品"，不少商人、军人、官员、农人等对这门生意趋之若鹜，可谓是用尽心思，只图发财。在烟土毒害中华儿女的同时，也成就了众多畸形的商业帝国。其中洪江便是一例。

在烟土贸易中，洪江以其独特的地理位置与商业基础，扮演了举足轻重的角色，成为贵州与云南烟土贸易输出的重要枢纽。其影响力之大，足以书写一部复杂而深刻的经济与社会变迁史。据史料记载，当时仅鸦片一项税收便占到了湖南全省税收的 45%，年税收高达 500万银圆。

国内为什么大面积种植鸦片？这是腐败的清政府、民国政府剥削统治与帝国主义列强侵略殖民共同作用的结果。第二次鸦片战争后，西方势力迫使清廷开放鸦片贸易，导致此前的禁烟努力功亏一篑，不仅如此，国内一些利欲熏心者也积极参与抢夺鸦片贸易市场，利用四川、贵州、云南等地适合种植罂粟的气候地理条件，大肆制售鸦片。当时的清政府、民国政府甚至地方武装都参与到了这个利润高额的生意当中，为了谋取税利，甚至为其出台保护政策与保护措施。可以说，这是一个畸形社会必然的畸形结果，是时代的悲剧，也是悲剧时代的例证。每一个参与此事的人，都不该称道，每一个做了此事的人，都该被批判。这是应该铭记和反省的历史罪过。

洪江通过水路连接了贵州，也承担了贵州大部分外销烟土的转运转销工作。在清末至新中国成立前，贵州鸦片产量惊人，而洪江作为物流中枢，大量贵州鸦片经此地水陆并进，分别流向常德、宝庆与长沙，形成了一条条"热闹非凡"的"烟银特道"。

其中，洪江—硖口（今洞口县的洞口塘）—宝庆（今邵阳市）的古道成了"烟银特道"的重要路段，沿途的险峻地形与苛刻的税关管理，以及军阀势力、黑恶势力间的明争暗斗，见证了这项烟土贸易的诱惑与魔力，反映出那个时代的动荡与黑暗，官兵与商人的利欲熏心，以及人民群众遭受的痛苦与磨难。

1929—1937 年，国民党何键牢牢控制了洪江。他组建了一支特别部队，专门武装押运和监管鸦片，军营设在洪江马鞍山。这支部队穿越茫茫雪峰山的古驿路，把鸦片运到宝庆，再用汽车转运。这支部队甚至导致了忠义镖局的衰落。这既是国民党反动派反动性的有力证据，也代表着一部分商人，见利忘义、无国无家的罪恶本性，也是当今后人传承弘扬优秀洪商文化时要认真反思和汲取的教训。

洪江，是烟土贸易的枢纽，更是烟土吸食的重灾区。在民国时期，洪江的大烟馆一度发展到 60 多家，至今多家烟馆建筑仍保存完好。最著名的叫"福兴昌"，曾是一家高档烟馆，建于清嘉庆二年（1797），是一栋一进两层的窨子屋，双重大门，设备考究、服务周到，专供豪商巨富消费。如今，这些建筑已成为人们了解黑暗年代社会真实现状的重要遗存，凝聚着中华民族混乱年代的血和泪，值得每一个人深思。

洪江在清末民国烟土贸易中扮演的角色，依然是枢纽性的，虽然有众多的内外部历史原因，但这也恰恰证明了商人、资本存在弃义逐利的本性，这也是在挖掘传承优秀洪商文化时应该注意到的方面。本着批判与弘扬的双重思路，才能真正实现优秀商道文化的传承。

繁荣之路：洪江的多元化商品结构

洪江，一座镶嵌于历史长河中的璀璨商都，其经久不衰的商业传奇，深深根植于自然赋予的资源宝藏与匠心独运的市场多元化构建之中。在这片古老而又充满活力的土地上，商贸的繁盛如同江河之水，生生不息，滋养着一方经济，也书写着中华商业文明的瑰丽篇章。

地理与自然的双重恩赐，无疑是洪江商埠崛起的基石。沅水与巫水的交汇，不仅构筑了四通八达的水上高速公路，更孕育了这里独特的经济命脉。桐油、木材、白蜡等支柱商品，犹如擎天柱石，支撑起洪江经济的脊梁。这些拳头产品的内外畅销，不仅奠定了洪江作为区域经济中心的地位，也使其在全球贸易网络中占有一席之地。

然而，洪江的商业智慧远不止于此。它以四大商品为基点，编织了一张涵盖药材、丝绸、瓷器等多元化商品的市场网络。药材的交易，借力于周边山区的自然药库，成就了药商的汇聚地；江南细腻的丝绸，通过洪江的商路，与西南的粗犷风情交融，织就了一幅跨地域经济合作的画卷；而瓷器的流通，则是古老东方韵味与世界审美碰撞的见证。这种商品结构的多样性，不仅强化了洪江市场的韧性，更促进了文化的交流与经济的互补，吸引着四方商贾与旅人的目光。

在洪江，商贸经济的蓬勃发展，构建了一个庞大的服务生态系统。钱庄与油号的繁荣，为资金流转铺设了坚实的管道，为商业活动提供了强大的金融后盾；洋行的设立，则是打开国际市场的窗口，让洪江与全球无缝对接。此外，会馆、客栈、镖局、戏园等如雨后春笋般涌现，其他手工业作坊及店铺，如木作、竹器、槽坊、织染、衣帽、制伞、铁铺、日杂、米业、酱食、皮匠等，它们按行业聚集建房，形成了一条条商业街。

它们不仅服务于商贸往来的实际需求，也丰富了城市的文教生活，构建了一个功能齐全、生态闭环的商业王国。

尤为重要的是，洪江的经济奇迹并不仅仅停留在物质层面的繁荣，其深厚的商业文化底蕴也同样引人注目。"十大会馆"不仅是商界精英的聚集之所，也是文化交流的殿堂，它们与遍布全城的教育机构、文化场所，共同构成了洪江独有的文化景观，见证了这座城市经济与文化的双重辉煌。

木商行的"斧记"。

第四章

白手起家
一个包袱一把伞，跑到洪江当老板

江右商帮：洪商崛起的根脉之一

在湖南洪江这片商业热土上，众多商贾的崛起背后，有着深厚的江西血脉。从唐末五代直至明清，江西作为中国古代经济文化的繁盛之区，孕育了庞大的人口基数，为后续的商业版图扩张奠定了基石。元末明初以来，一系列自发与政府主导的移民浪潮，将数百万江西人推向湖南、湖北，乃至四川、云南、贵州等地，掀起了波澜壮阔的"江西填湖广""湖广填四川"等历史篇章。

"江西填湖广"是中国历史上一次规模宏大、影响深远的人口迁移事件，主要发生在元末明初至清初，尤其是在明太祖朱元璋建立明朝之后。这场移民运动对湖南、湖北等地的社会经济、人口结构、文化风俗产生了深刻的影响，而洪商的形成与崛起，正与这次人口迁移紧密相连。

究其原因，主要是元末明初，两湖地区（今湖南、湖北）因长期的战乱，导致人口锐减，土地荒芜，而为了恢复和发展战后经济，稳定社会秩序，朱元璋采取了鼓励移民的政策，从人口稠密的江西等地大量迁移人口至湖广地区，以填补人口空白，开垦荒地，增加税收。

除了政府组织的移民，还有大量自发性移民活动，这些移民出于生存的需要，主动迁移到湖广地区寻求新的生活机会。民国《沅陵县志》记载："邑中老籍有开封者，有江南者，尤以江西为最多，今所指为土著，十之八九为江西人。"

　　大量江西移民涌入湖南，为洪江带来了充足的人力资源，这些移民中不乏勤劳智慧、善于经商的人士，为洪江商业的兴起奠定了人口基础，同时也带来了文化的融合。江西移民带来了先进的农业技术、手工业技能以及商业经验，与当地文化融合，促进了经济多样化发展，为洪商的形成提供了技术理论支撑。

　　在这场大规模的移民运动中，江右商帮悄然崛起，并与徽商、晋商并肩，成为中国古代三大商帮。"江右商帮"之名，源自明末清初学者魏禧《日录杂说》中对地理方位的划分，自北向南望，江西居右，故得此雅称。

　　江西移民及商贾不仅开垦了荒芜之地，开采了资源，更促进了物资交流与文化散播，携手各地移民，共同推动了中西部地区的社会经济发展，尤其对西南地区的近代化进程贡献卓著，其历史意义堪比"闯关东"，是中国历史上不可忽视的经济与社会双重迁徙现象。

　　江西商人与湘西当地居民共同构建了紧密的商业网络，江右商帮的形成，加强了跨区域的商业联系，使得洪江成为重要的商品集散中心，尤其是桐油等商品的贸易，推动了洪江的繁荣。

　　移民的涌入促进了湘西各行各业的专业化发展，如辰河戏、木偶戏、戏台文化等娱乐业的兴盛，也反映了经济繁荣背景下文化需求的增长，而这些娱乐活动的兴办往往离不开商业资本的支持，洪商在此过程中扮演了重要角色。

　　江右商帮成员多元，既有家学渊源的商贾后裔，也不乏因生活所迫转行的贩夫走卒，他们以小本买卖起家，勤勉经营，以商辅农，力求温饱，逐渐在商业版图中占据一席之地。明中叶之后，江右商帮的专业化趋势日益显著，他们不仅深耕江西本土的特色产业，如瓷器、茶叶、丝绸、纸张、药材、木材、粮食等行业，也积极拓展至食盐、矿业等领域，经营范围广泛，影响力深远。

　　在某些区域，江西商人甚至一度掌控了市场的命脉，"无赣人不成市"成为广为流传的口头禅。如江右商帮在汉口的药材业几乎形成垄断，说明江西商人在商业竞争中的强势地位，这种竞争力也延伸到了偏远的湘西洪江，推动了商业的创新与竞争，从而促进了洪商的成熟与壮大。

　　江右商帮在湘西五溪等地的成功，有赖其独创的经营理念。民国

《沅陵县志》中，对江西客商有如此评价："江西商人之特长，曰勤，曰俭，曰有信用，日坐阛阓，不与官绅通往，无应酬之劳，无习气之染，兢兢业业，日夕经营，此其所以优胜也。"

这是赣商经商之道比较全面的总结，也是"洪江商道"的发轫之始。洪江，自古以来便汇聚了四方商贾，其商业版图的拓展，不仅仅是江西商人的单线叙事，而是一幅由多省商人共同绘制的多彩画卷。清康熙至乾隆年间，江西、湖北、安徽、江苏、浙江、贵州等省，以及湖南境内的邵阳、湘乡、衡阳、长沙等地的商人，纷至沓来，他们携带着各自的商业智慧与地域特色，在洪江这片沃土上结帮经商，共创辉煌。

张积昌：洪江桐油业的传奇巨擘

张 书

在洪江桐油业的璀璨星河中，张积昌油号的名字如同一颗耀眼的明星，照亮了那段白手起家的励志旅程。其创始者张书，号益生，生于嘉庆年间，这位来自江西临川安阳（今进贤县李渡镇安阳村）的耕读子弟，凭借坚韧不拔的毅力和敏锐的商业洞察力，书写了一段从贫穷到首富的传奇故事。

在那个兵荒马乱、民生凋敝的时代，无数赣中乡民背井离乡，迁徙湖南，寻求生计。张书亦是其中的一员，他怀揣着对未来的憧憬，随族人来到洪江。起初，他先在江右商人办的钱庄学徒，以勤勉、谨慎得到东家赏识，升为掌柜，年年盈余。

目睹桐油业的蓬勃发展，他果断出手，于小河边司门口创立了"张积昌油号"。凭借着良好的商业信誉和个人魅力，油号迅速崛起，生意兴隆，财源滚滚。他不仅扩大了榨油坊的规模，还在辰溪等地设立分号，形成了从原料采购到产品销售的完整产业链，实现了经济效益的最大化。

辰溪，这片桐油的沃土，孕育了无数的财富梦想。当地桐树生长茂盛，桐油产量丰富，特别是修溪口、征溪口一带，几乎占据了当地产量的三成。在这里，张积昌与高灿顺等油号并驾齐驱，共同推动了桐油产业的繁荣。作坊需要大量的劳动力和精湛的技艺，每一台榨油机，都有八名工人协同作业，确保生产顺利进行。

张积昌油号的洪油，以其卓越的品质和防腐效果，赢得了市场的广泛认可。它不仅深受省内消费者的青睐，还远销至福建、浙江、江苏、山东等沿海省份，为当地居民的住房、船只提供了不可或缺的保护。每年，油号都将大量洪油装桶，经水路运往江苏镇江，返程时则载满布匹、煤油、糖、盐等日用品，实现了双向贸易的丰厚回报。

随着洪江油号的不断扩大，洪江桐油业迎来了前所未有的繁荣。据《中国实业志》记载，鼎盛时期，洪江年出口桐油超过20万担，价值高达700万银圆，成为支撑洪江古商城经济的中流砥柱。油商们凭借着精细的管理和卓越的经营策略，赢得了消费者的高度信任，积累了巨大的财富。张积昌、庆元丰、徐荣昌油号等，一个个响亮的名字，成为洪江商界的代名词，它们的创始人也因此跻身富豪行列，声名显赫。特别是张书，积资百余万银两，人称张百万，成为洪商传奇。

张书，这位洪江桐油业的先驱者，不仅创造了个人的商业帝国，更带动了周边产业的蓬勃发展，为洪江乃至整个区域的经济繁荣做出了不可磨灭的贡献。他白手起家的故事，激励着一代又一代的创业者，证明了只要拥有勇气、智慧和不懈的努力，即使是出身贫寒，也能成就一番伟业。

刘岐山：从贫寒到"洪江首富"之路

刘岐山

刘岐山的一生，是一部跌宕起伏的奋斗史，讲述了一个贫寒农家子如何白手起家，凭借非凡的勇气与智慧，最终登顶"洪江首富"的宝座。他1847年生于江西新淦县的一个贫穷家庭，少时仅有三年私塾启蒙。十三岁时被卷入太平天国的烽火之中，被迫在军中度过了五年的岁月。直到1865年，太平军与清军在九江北岸交战时，刘岐山趁乱逃离，踏上了一条未知的归途。为了回家，他倾尽所有，买下一只木盆，孤注一掷，划过"天堑"长江，抵达九江。这段惊心动魄的经历，不仅彰显了他超乎常人的胆识，也预示着他未来不凡的人生轨迹。

渡江之后，身无分文的刘岐山不得不从零开始，通过打短工、做零活，一点一滴地积攒起返乡的费用。最终，他带着几块大洋回到了故乡，迎娶了当地秀才周元煦的二女儿周氏，开始了新的生活。然而，家乡的宁静并未满足刘岐山的雄心壮志，他决定前往常德，去找打零工的父亲刘士品。到常德后，却发现无事可做，但他有个堂姐夫高德轩，在洪江当老板，开设了高灿顺油号，刘岐山便投奔而来。

在高灿顺油号，刘岐山从一名普通学徒做起，凭借勤奋与才华，逐步晋升为总管，掌握了油号的经营管理大权。这段经历不仅锤炼了他的商业头脑，也为他日后独立创业奠定了坚实的基础。

正当他在高灿顺油号如鱼得水之际，内部纷争迫使他另寻出路。刘岐山没有被困境击倒，而是选择了再次出发，从一个小布摊做起，凭借敏锐的市场洞察力，迅速积累了一笔财富。在中日甲午战争期间，当其他油号因桐油价格暴跌而退避三舍时，刘岐山却看到了机遇。他大胆押注，大量购入低价桐油，坚信战后的油价必将反弹。事实证明，他的判断是正确的。战争结束后，桐油价格飙升，刘岐山一举赚取了20多万两银子的巨额利润。于是，他将布号改为"庆元丰"油号，经营主业从布匹转为桐油。

1904年，庆元丰油号在刘岐山的领导下，已拥有资本逾百万两，田产和山林五千余亩，成为洪江八大油号之首。从布匹到桐油，刘岐山的商业帝国不断扩张，业务触角伸向汉口、南京、上海，甚至远销海外。短短几年，他不仅成为洪江的首富，更建立起了属于自己的商业王国，书写了一段从坐木盆跨江，到坐拥桐油江山的传奇。

高德轩：白手起家的高灿顺油号

在晚清的洪江，有这样一位白手起家，终成富贾的传奇人物，他就是江西新淦县（今新干县）出生的高德轩。他自幼家境贫寒，却怀揣着改变命运的梦想，于同治年间孤身一人踏上了前往洪江的征途。起初，他仅靠着微薄的资本做些小本生意，然而凭借过人的智慧和坚韧不拔的精神，高德轩迅速在商海中崭露头角。

经过一番奋斗，高德轩积累了足够的资本，于是在洪江创立了自己的油号——"高灿顺"。他深知诚信乃经商之本，因此，"高灿顺"从成立之初就确立了"诚信第一"的原则，对待每一位顾客都以诚相待，绝不欺瞒。这种坚持不仅赢得了客户的信任，也让"高灿顺"在短短数年内声名鹊起，成为洪江首屈一指的油号。

一次，洪江迎来了一批重要的油品采购商。在会馆的推介会上，各路商家纷纷夸耀自家产品，唯独高德轩显得与众不同。他没有直接推销自家的洪油，反而热情地介绍同行的产品特点，这种谦逊与大度令在场的商人刮目相看。高德轩的这种做法，展现了他对行业深刻的理解和对洪江油业的热爱，更凸显了他的诚信和胸襟。结果，正是这种看似"反其道而行"的策略，让高德轩收获了最多的订单，证明了智慧经营的力量。

高德轩不仅在商场上是个智者，在生活中更是一位慈善家。他慷慨解囊，扶贫济困，尤其对家乡人关怀备至。在他的帮助下，许多白手起家的青年得以起步，其中包括日后成为民国时期洪江首富的刘岐山，他曾是高灿顺油号的大管家。被高灿顺油号收留当学徒的陈昆山、余云山等，都成了洪江富商。

高德轩的仁慈之举，不仅改变了个人的命运，也为洪江的商业繁荣注入了源源不断的活力。

然而，高德轩的人生并非一帆风顺。晚年，他遭遇了一系列挑战，包括年迈体衰、家庭开支巨大，以及一场突如其来的灾难——四艘满载洪油的船只在江苏镇江因邻船火灾而全数焚毁，造成了无法弥补的损失，结果"高灿顺"元气大伤，最终走向衰落。

尽管"高灿顺"在新中国成立前夕歇业，但它留下的痕迹依然清晰可见。高家大院，这座见证了"高灿顺"百年辉煌的古窨子屋，至今屹立于洪江，成为一段传奇的见证。高家大院的每一砖每一瓦，都诉说着高德轩的创业历程和"高灿顺"的兴衰故事，三层建筑分别承载着生活、工作和教育功能，彰显了高家的智慧与远见。

徐东甫：从学徒到洪江巨贾

徐东甫

徐东甫，来自江西新淦县（今新干县），幼年家境贫寒，与徐余松、徐运连、徐霭龄三位弟弟一同在困顿中成长。然而，命运并未让他沉沦，相反，激发了他内心深处的奋斗精神。父亲早逝后，徐东甫在母亲的安排下，前往洪江投奔同族，加入徐复隆油号，成为一名学徒。

在徐复隆油号的日子里，徐东甫展现了非凡的智慧和勤奋。他不仅迅速掌握了油号的运作流程，更在业务上精益求精，深得老板赏识。凭借着对工作的热忱和卓越表现，徐东甫被提升为油号管事，开始接触企业管理和战略规划，为日后的创业之路打下了坚实的基础。

成为管事（相当于总经理）后，徐东甫意识到亲信的力量，于是将二弟徐余松招至麾下，传授他油业的核心技能。兄弟二人默契配合，不仅推动了"徐复隆"的发展，也为自己积累了宝贵的财富和经验。时机成熟，他们决定自立门户，于民国四年（1915）创立了荣昌祥布店，开启了家族企业的第一步。

荣昌祥布店的成功运营为徐东甫带来了丰厚的回报，但他并未满足于此。深谙多元化经营之道的他，于民国十一年（1922）进一步拓展业务领域，成立了徐荣昌油号，标志着家族企业进入了一个全新的发展阶段。

秉承"大权独揽、小权分揽"的管理哲学，徐东甫巧妙地分配家族成员的职责，徐余松主管镇江商号，徐运连在江西老家开设了兴盛昌店铺，徐蔼龄负责汉口商号，家族企业版图迅速扩张。

作为集团的总决策人，徐东甫以其卓越的领导才能和商业洞察力，带领徐荣昌油号不断壮大。民国二十年（1931），他审时度势，撤并荣昌祥布号，集中资源全力发展油业。至抗日战争前夕（1935），徐荣昌油号的流动资产已超过百万银圆，徐东甫成功跻身洪江商业巨擘之列，其家族企业成为继庆元丰之后的又一商业巨头。

徐东甫的故事，不仅是个人奋斗的典范，也是家族企业崛起的鲜活实例。从贫寒学徒到洪江巨贾，他以不懈的努力和智慧，书写了一段商业传奇，成为洪江商人白手起家的榜样。

陈昆山：从贡生到药商的传奇

陈昆山

在洪江这座历史悠久的商贸重镇，商贾云集，桐油生意虽占据半壁江山，但还有另一段传奇故事，在药香中悄然绽放——陈敦厚药店。这家药店的崛起，不仅见证了中药行业的兴盛，更是一部关于白手起家、逆境中求生存的励志篇章。

创始人陈昆山，江西新淦县（今新干县）人，清光绪年间，这位才华横溢的贡生，因科举失利，怀揣着对未来的迷茫与不甘，于1894年毅然离乡背井，踏上了前往洪江的征途。

初至洪江，陈昆山幸得同乡高德轩（高灿顺油号老板）的援引，得以在高灿顺油号谋得一席之地，担任业务助理。十年间，他勤勉工作，不仅积累了丰富的商业经验，更展现出卓越的管理才能，使得油号业务蒸蒸日上。

然而，陈昆山心中始终有着更大的抱负。随着积蓄渐丰，他意识到，长期依附他人终究难有大作为。于是，1905年，他与同乡皮敦伦共同出资2000两纹银，在洪江松林码头创立了敦仁堂药店，经营中药材加工后的批发、零售，兼营自制膏丹丸散。同时，还涉足布匹行业，开设了益丰仁布店。

陈昆山的商业版图逐渐扩大，两家店铺在经营效益最佳的年份，流动资金高达30多万银圆，展现了他非凡的商业洞察力和经营智慧。

陈昆山的儿子陈秋璧，同样是一位不可多得的人才。他不仅学业优异，更继承了父亲的商业基因，全身心投入家族事业中，成为陈昆山最得力的助手。在父子二人的共同努力下，药店和布店的业务迅速拓展，产业遍布常德、汉口、上海、杭州等地，形成了庞大的销售网络。

虽然1913年，皮敦伦与陈昆山分道扬镳，但这并未阻挡陈昆山前进的步伐。他独资经营敦仁堂药店，更名为陈敦仁药店，由堂弟陈芝生接手管理。然而，命运似乎总是喜欢捉弄坚强的人，1915—1916年，陈昆山与陈秋璧相继离世，留下孤儿寡母，药店的重担全部落在了陈芝生一人肩上。

1917年，陈芝生又突然离世，让药店再次陷入困境。关键时刻，陈氏族众挺身而出，由陈雪青、陈锡斋、陈玉池等几位族侄筹集3000银圆，承接了陈敦仁药店的全部财产，药店得以重焕生机，更名陈敦厚药店，陈雪青出任经理，带领药店走过风雨，迎来了新的辉煌。

陈雪青出身药工，通晓药物性能，善于经营。自担任经理后，锐意革新，力图进取，不断改善经营管理。至此，陈敦厚药店不仅成为洪江医药界的翘楚，更见证了陈氏家族从白手起家到商界巨擘的非凡历程。

白手起家：坚韧不拔的洪商精神

在中国浩瀚的商业历史长河中，洪江，这片位于湖南省西部的土地，孕育了一群独具特色的群体——洪商。他们凭借着坚韧不拔的意志、卓越的商业智慧以及深厚的家国情怀，从一无所有到成就非凡，书写了一段段震撼人心的白手起家传奇，成为中国近代商业史上不可磨灭的一笔。

肖云斋是江西人，家境贫寒，只带了一个包袱、一把雨伞来到了洪江。初来洪江时，无以为业，肖云斋只得挑着油担走街串巷贩油，被人戏称为"卖油郎"。面对生活的艰难，肖云斋没有放弃，而是凭借敏锐的商业嗅觉和坚持不懈的努力，逐渐在洪油市场站稳脚跟。随着洪油行业的蓬勃发展，肖云斋把握时机，扩大经营规模，最终将肖恒庆油号打造成为洪江八大油号之一，实现了从街头小贩到商业巨擘的华丽转身。

在洪江，肖云斋可以算是最具代表性的白手起家者之一。他和刘岐山、高德轩等洪商白手起家的故事，给予我们深刻的启示。在瞬息万变的现代社会，无论是初创企业还是个人职业发展，都需要勇气与智慧；面对挑战，要不畏艰难，勇往直前；面对机遇，要有敏锐的洞察力和果断的行动力。同时，也不能忘记，干事创业不应局限于物质财富的积累，更应肩负起社会责任，为民族的伟大复兴贡献力量。

洪商白手起家，是一段段值得我们反复品味的历史佳话。它告诉我们，只要有梦想、有毅力，每个人都有可能成为时代的弄潮儿，书写属于自己的人生篇章。我辈生在新时代，更该无畏征新程！

贵州商人从苗岭腹地的清水江俯冲而下，来到久负盛名的湘西古城洪江，他们带来了贵州的大宗商品，主要有木材、桐油、白蜡、五倍子等。贵州会馆位于当时的更始街，原洪江三中学校处。图为贵州会馆，又名忠烈宫，其修建规模甚是宏伟，黔商实力可见一斑。

第五章

洪油之光
洪商点亮的创新灯火

创新洪流：从古商帮到洪商的辉煌蜕变

在历史的长河中，创新犹如一道永不干涸的洪流，持续推动着社会车轮滚滚向前。正如生命之花需要养分方能绽放，企业在竞争激烈的市场中亦需创新，方能保持旺盛的生命力。尽管古代中国的经济以农业为主体，但在手工业商品的创新上，也始终闪烁着智慧的光芒，生生不息。

创新，是推动经济发展的核心动力。提及经营创新，古代商帮是不可忽视的存在，其中江右商帮尤其耀眼。从药都樟树的药帮到瓷都景德镇的瓷帮，他们不仅积淀了深厚的商业智慧，更将创新思维融入商业实践，引领了时代的变革。宋代抚州布商陈泰的故事，便是创新精神的生动写照。

陈泰的商业传奇，起源于乡间的土特产贩卖，却在创新的引领下，演变为一场金融业革新。他首创预付定金的模式，提前向金溪、崇仁、乐安等地的农民提供资金，鼓励种植麻类作物和织布，不仅稳定了供应链，还极大地激发了生产积极性，确保了布匹的品质与供应量，开创了商业合作的新模式。

至明代，景德镇瓷器在继承传统技艺的基础上，广泛吸纳外来文化的精华，不断创新，衍生出众多新品种和新类型，使古老的陶瓷业融入新元素、焕发新生机，奠定了景德镇在全国陶瓷行业的领军地位。外销青花瓷在明清时期尤为突出，其千变万化的器型与纹饰，是景德镇瓷工包容性与开拓性创作理念的体现，是中华优秀传统文化解读与再造后的伟大创新。

随着时间的流逝，江右商帮的创新精神并未消散，而是随着大批商人和手工业者的迁徙传播开来。当晋商、徽商、浙商等外省商帮的脚步踏上湘西洪江这片热土，一场新的商业创新悄然开启。洪商，这群继承了各地商帮创新基因的后继者，以更加激进的姿态，投身于商品经济的大潮中。

洪商的辉煌历程，是产品创新重要性的生动例证。在快速变化的市场环境中，洪商以前瞻的视野和敢于尝试的精神，持续优化产品，不仅满足了消费者需求，还在竞争中脱颖而出，实现了企业的繁荣发展。他们紧随市场变化，调整产品策略，从桐油精炼到布匹染色，每一次创新都力求贴近消费者心声，提供更优质、更符合期待的商品，以站在潮流的前端，赢得市场与消费者的双重认可。

从古代商帮的创新实践，到景德镇瓷器的革新，再到洪商的辉煌成就，创新始终是推动经济发展、社会繁荣的核心力量。正如江水奔腾不息，创新的洪流亦永不停止，滋养着一代又一代的商业精英，书写着中国商业史的辉煌。

洪油之光：创新视角与洪油的诞生

在历史的长河中，桐油作为中国传统防腐植物油的代表，承载着无数先人的智慧与汗水。正是在洪江这片充满活力的土地上，一场关于创新与改革的传奇故事，催生出洪油这一独特产品，为桐油行业注入了新的生命力。

桐油，源于油桐籽的干性油，以其淡黄色泽、半透明质感以及卓越的防腐性能而著称，成为中国古代修船补船不可或缺的材料。秀油，一种加入了少量辅料的桐油衍生品，因四川秀山所产品质上乘而闻名遐迩。但在洪江，一场火灾，意外地揭示了桐油创新的可能性。一批油桐籽被火烧焦，本以为无用了，但它们在榨油过程中展现出超乎寻常的质量。这是一次偶然的发现，也是一次改革与创新的契机。

受此启发，洪江的工匠们开始了不懈的探索与实践。他们对传统工艺进行大胆改良，创造出了独特的洪油生产工艺。这一过程包括了烘干、碾磨、混合、熬炼等多个环节，每一次尝试都凝聚着智慧与汗水。尤其在熬炼阶段，工匠们精准控制火候，直至油香中带有微妙的板栗香气，再由质量检验员用竹签将锅中的油挑起，油呈悬布状，即"扯旗"时，才告成功。合格的"洪油"由此形成。

这种工艺的创新，不仅提升了桐油的品质，更使其具备了独特的香气与光泽以及卓越的耐冻性能，一举打破了传统桐油的局限。洪油通过创新工艺和技术，从普通的桐油中脱颖而出，成为市场上备受追捧的商品。

洪油的问世，标志着桐油产业的一次质的飞跃。尤其是在欧洲市场，由于纬度较高，冬季气温较低，耐冻性更强的洪油迅速赢得了青睐，成为外商的首选。洪油的成功，不仅在于其优异的产品特性，更在于它背后蕴含的创新精神与市场洞察力。在相当长的历史时期内，洪江出产的洪油，成为桐油市场的佼佼者，为中国桐油产业在全球范围内赢得了声誉，展现了创新对于推动产业升级与市场拓展的强大力量。

洪油的诞生，是对改革与创新价值的生动诠释。它告诉我们，无论是在传统的行业还是在新兴的领域，只有敢于突破常规，勇于探索未知，才能在激烈的市场竞争中脱颖而出，实现可持续发展。洪油的诞生，不仅丰富了桐油家族的成员，更成为一段关于智慧、勇气与创新的佳话。

洪油华章：洪商与经营创新

在商海沉浮中，洪商之所以能独树一帜，其秘诀远非简单的买卖所能概括。他们不仅精于交易，更擅长构建产业生态，将洪油这一地域特产升华至产业高度，彻底颠覆了传统的小规模经营与零星交易模式。这一过程，是智慧与勇气的双重考验，亦是创新精神的生动诠释。

面对洪江周边广袤山区丰富的油桐资源，洪商展现出了非凡的商业洞察力与组织能力。油桐虽丰饶，却隐匿于崇山峻岭之中，采集与运输成本高昂，这无疑是一道难以逾越的门槛。然而，洪商并未被困难所阻，反而将其视为拓展市场的良机。

他们巧妙布局，撒下一张密织的网，选择龙溪口、清溪等核心产区，设立长期的收购与加工站点，将分散的资源有效整合。桐果收获时节，洪商派遣专员深入各收购点，就地榨炼，不仅大幅降低了运输成本，还极大地方便了当地农户，一举两得，实现了经济效益与社会效益的双赢。

更重要的是，这一系列举措极大地扩展了洪油的原料来源，为后续的规模化生产奠定了坚实的基础。洪商的这种创新经营模式，不仅解决了原料收集的难题，更在无形中建立了稳固的供应链，增强了产业的韧性和竞争力。

洪油，这一源于深山之中的珍贵液体，借由洪江的航道，跨越千里，最终抵达繁华的都市与遥远的海外。在这一旅程中，洪商不仅展现了他们卓越的航运智慧，更体现了其前瞻性的经营战略与市场洞察力。他们深知，唯有突破地域限制，方能开拓更广阔的市场空间。

面对洞庭湖的汹涌波涛，洪商巧妙选择了常德作为中转站，这里不仅是避风的港湾，更是连接内陆与沿海的重要枢纽。在这里，洪油从较小的船只转移

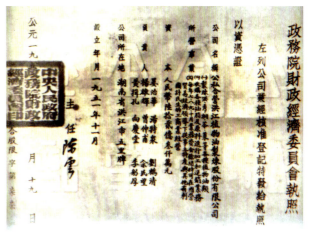

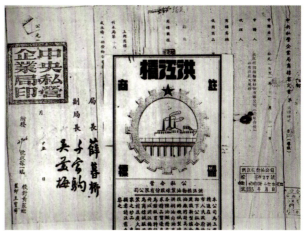

上图：公私合营洪江植物油制炼股份有限公司执照。

下图：洪江桥牌洪油注册商标。

到更大的运输工具上，随后继续其前往武汉、镇江乃至上海的征程。

由于航线较长，洪商早已在常德与汉口设立了办事机构，不仅负责货物的收发、转运与结算，更扮演着市场情报站的角色，收集着第一手的市场动态，为决策提供依据。

销售终端，洪商同样布局深远。镇江，这座江南古城成为洪油的主销地。这是因为，镇江位于长江下游，地理位置优越，既是长江航线上的重要节点，也是南北物资交流的关键门户。其独特的地理位置使其成为连接内陆与沿海、北方与南方的交通枢纽，便于货物的集散和中转。因此，洪江的油号纷纷在此设立分支机构，进行市场布局。

这些前沿阵地，不仅是销售与采购的桥梁，更是资金调度与市场信息的交汇点。它们的存在，使得洪商能够实时掌握市场脉搏，灵活

怀化地区植物油厂生产
的洪江桥牌洪油。

调整经营策略，确保洪油在市场上的竞争优势。

这一系列精心布局，构成了洪商"深购远销"的独特经营模式。从上游的原材料采集与就地加工，到洪江的集中分类与包装，再到沿途交通要道的中转站设置，直至销售地的办事处，每一步都紧密相连，环环相扣。这样的经营体系，不仅克服了地域狭小与资源局限的挑战，更将洪江打造成为西南地区最大的桐油集散地，洪江桐油占据了全省四成的份额，当时全国桐油产量四川第一，湖南第二。

（注：深购远销，是指企业在采购环节上深入挖掘和拓展，确保原材料或商品的稳定供应和质量保障；同时在销售环节上，积极开拓更广阔的市场空间，将商品销往远方，实现品牌影响力的提升和经济效益的增加。这种经营模式有助于企业构建更加完善的供应链和销售网络，提高市场竞争力。）

洪江桐油业的繁荣，不仅为洪商带来了丰厚的利润，更带动了相关产业的蓬勃发展。从包装材料的制作，到运输工具的维护，再到仓储设施的建设，每一环节都需要大量的人力与物力投入，从而创造了大量的就业机会，促进了当地经济的多元化发展。

洪油的经营创新，不仅是一次成功的商业实践，更是一场深刻的社会变革。它证明了，即使身处偏远之地，只要有创新精神与开放视野，也能在世界的舞台上大放异彩。而这一切，都源自洪商对经营创新的不懈追求，以及对市场需求的敏锐洞察。

洪商的成功，不仅在于他们对洪油产业的开创，更在于他们如何通过创新的经营策略，将地域特色转化为市场优势，将小本经营升级为规模化产业。这一过程中，洪商展现出的不仅是对资源的高效利用，更有对市场规律的深刻理解，以及对社会责任的积极承担。

商海扬帆：洪商的多元经营与市场创新

在风云变幻的商海中，洪商以其非凡的智慧与胆识，不仅稳立于传统市场之巅，更勇敢地驶向广阔的蓝海，开辟了全新的市场领域。他们超越了桐油单一贸易的局限，将触角伸向布匹、粮食、木材等多元领域，编织出一幅幅绚丽的商业图景。这不仅是对传统经营模式的革新，更是对市场潜力的深度挖掘，彰显了洪商对市场趋势的敏锐洞察与对机遇的果断把握。

在洪油原料受限于自然条件，仅能季节性经营的背景下，洪商展现出超凡的创新思维与务实精神。他们巧妙地利用资金空档期，开展多元化经营，以确保资本的高效流转与增值。《洪江育婴小识》中曾记载，早在19世纪初的嘉庆、道光年间，洪商已活跃于江浙地区，将洪油倾销于此，同时带回南通的优质棉花，开启了早期的跨区域商品流通。

进入民国时期，洪商的商业版图进一步扩张，他们频繁往返于上海、武汉等商业重镇，采购纱布、煤油、食糖以及各类百货，再将这些商品远销至湘西、云南、贵州等边远地区。

这些长途贩运，虽耗时费力，却因深购远销的经营策略而收获丰厚利润，彰显了洪商对市场供需规律的深刻理解与灵活运用。

尤其值得一提的是，少数涉足洪油业的洪商，如徐复隆、徐荣昌，更是将多元化经营推向了新高度。他们不仅深耕洪油贸易，还在当地设立百货与中药门市部，以灵活多样的商业模式，实现了资源的最优配置。他们以洪油为基石，辅以多种经营，展现了洪商的商业理念和创新精神。

在抗日战争时期，洪油市场遭受重创，库存积压严重，生产陷入停滞。然而，洪油业的巨贾们再次展现出非凡的应变能力，迅速转向棉花、纱布等业务，以贵阳为中心，辐射西南地区，成功维系了企业运营，展现了洪商在逆境中的坚韧与智慧。

洪商的多元化经营策略，不仅有效地分散了市场风险，增强了企业的抗压能力，更为其赢得了更广阔的发展空间与更高的盈利能力。他们对市场的精准判断与对机遇的迅速捕捉，不仅成就了自身的辉煌，更为后世商业发展树立了典范。洪商的故事，是关于创新与坚守的双重奏，更是商业智慧与勇气的完美融合。

聘请掌柜：洪商与现代股份制雏形

"汉口千猪百羊万担米，抵不上洪江犁头嘴。"这是洪江流传至今的谚语，不仅道出了洪江商业繁荣的秘密，更揭示了明清时期洪商在管理创新领域的超前探索。他们开放视野，不断探索企业发展模式，如设立总部与分号，实现产权与经营权的分离，聘请职业经理人——掌柜，并初步构建了股份制的雏形，展现出惊人的商业智慧与创新精神。

徐复隆油号的创始人徐达成，自幼饱读诗书，学识渊博，由文入商，历经艰辛，在洪江开创了自己的商业王国。他深刻理解到，要管理好大型商业活动，必须有专业的团队支持，于是聘请了经验丰富的徐东甫做掌柜，负责油号的日常运营，而自己则专注于市场拓展与战略规划。这种专业化分工不仅提高了管理效率，还确保了管理的专业化，是管理创新的重要体现。

徐东甫是十大洪商之一，他的故事是从学徒到东家的励志传奇。由于父亲早逝，徐东甫的母亲托付同族人帮忙，让徐东甫来到洪江，在族人创办的徐复隆油号，开始了他的学徒生涯。凭借着聪明才智和勤奋努力，徐东甫逐渐熟悉了商行的运营管理，并得到了赏识，最终被擢升为油号掌柜。

后来，徐东甫与其弟弟徐余松一起创立了荣昌祥布号与徐荣昌油号。凭借卓越的才干和精细的管理，"荣昌祥"与"徐荣昌"迅速壮大，成为洪江商界的一颗新星。

当徐东甫的事业如日中天时，他也开始寻找能够胜任掌柜一职的人选，以延续其商业的辉煌。这时，江西新干县三湖镇人郑牒（dié）生走进了他的视野。郑牒生自幼聪明过人，虽科举出身，但毅然选择弃学从商，来到洪江徐复隆油号，从一名账房先生做起，逐渐成为洪油行的专才，之后得到了徐东甫的赏识，被邀请加入徐荣昌油号，担任掌柜。他管理有方，展现了职业经理人的价值。

明清时期的洪商与掌柜之间，存在着一种风险共担与利益共享的机制，这在当时可

谓是一种管理创新。以徐东甫与郑彪生为例，掌柜不仅享有固定的薪酬，还能得到企业的分红，这种做法类似于现代公司的分红制度。掌柜与东家共担风险、共分收益，促使掌柜更加用心用力，更加关注企业的长远发展，而非短期利益，从而促进了企业的稳定与持续增长。

明清洪商与掌柜之间的关系，既是所有权与经营权分离、利益共享与风险共担机制的早期探索，也是中国商人对管理创新不懈追求的

图为电视连续剧《一代洪商》重现当年榨油作坊的场景。

实证。尽管与现代股份制公司相比，明清时期的管理机制尚显稚嫩，但其创新精神与实践，无疑为中国乃至世界的商业文明进步贡献了宝贵的经验。洪商与掌柜的故事，是管理创新与商业智慧的结晶，它告诉我们，无论时代如何变迁，勇于创新、敢于实践的精神永远是推动社会进步的强大力量。

金融创新：洪江商贸中的早期金融

在洪江这片商业热土上，明清至民国初年的金融发展犹如一把量测的标尺，记录了洪江的商业繁荣。钱庄与银号，作为当时金融体系的核心，不仅为商业提供了全方位的金融服务，还通过一系列金融工具的创新，为商品贸易注入了强劲的活力。

洪江的钱庄与银号，不仅是资本的蓄水池，更是金融服务的创新标志。它们不仅为商人提供短期至中长期的信贷服务，解决资金流动性难题，还通过灵活的资金配置机制，助力商人抓住商机，扩大经营版图。在多币种流通的复杂环境下，钱庄与银号，担当起货币兑换与商业结算的角色，简化了交易流程，降低了交易成本，为商品贸易的顺畅运行提供了坚实保障。

"号票"的出现，堪称洪江金融发展的里程碑。这种由信誉卓著的商行或钱庄发行的信用凭证，不仅解决了金属货币携带不便的问题，提高了交易效率，还作为一种早期的信用货币，促进了资本的聚集与再分配。持有"号票"的商户，可在一定范围内用其支付货款或兑换现银，这一金融工具的创新，不仅增强了发行机构的信誉，也为金融市场注入了新的活力。

洪商的金融创新，在风险管理方面亦有卓越表现，体现出早期金融监管的雏形。钱庄与银号通过精细的账目管理，严谨的客户信用评级系统，以及对市场波动的高度敏感性，成功地管控了放贷过程中的潜在风险。在此坚实的基础上，一套以口碑和交易历史为依据的信用体系应运而生，对违约行为采取严厉的惩罚措施，有效维护了金融市场秩序，确保了金融环境的稳定，展现了洪商对金融生态健康发展的深刻理解与贡献。

金融创新为洪江商业发展插上了腾飞的翅膀，促进了商业版图的扩张与产业的升级转型。商人借助便捷的金融服务，能够迅速响应市场变化，投资于技术创新、设备更新或贸易网络的拓展，增强了洪江商帮的整体竞争力，加速了地方经济的繁荣发展。

　　洪江商业贸易中的金融创新具有深远的影响，尤其是钱庄与银号所提供的金融服务，以及"号票"这一信用货币的创设，不仅满足了商人对资本流动性的迫切需求，还推动了金融体系的成熟与完善，为构建洪江商业帝国奠定了坚实的金融基石。这些实践，是中国近代金融现代化探索的珍贵财富，为后世金融体系的发展提供了重要启示，彰显了金融创新在推动经济社会变革中的巨大能量。

古商城自明末清初以来，就是湘黔边陲的重要商埠，商业贸易频繁，资金往来较多，且数额巨大。为了合理利用资金，加速资金周转，保证资金安全，在市场经济客观需要的支配下，票号与钱庄应运而生。民国时，洪江票号、钱庄多达23家。

第六章

—

吃亏是福
洪商豁达的经营哲学

吃亏是福：挂在墙壁上的哲学

在洪江古商城的一隅，陈荣信商行的照壁之上，镌刻着一道穿越时空的墨香——清代书画巨擘郑板桥的横幅《吃亏是福》。这四个字，仿佛是历史的低语，诉说着岁月沉淀下的智慧与哲思。横幅之下，题记延伸着深邃的意蕴："满者损之机，亏者盈之渐。损于己则益于彼，外得人情之平，内得我心之安，既平且安，福即在是矣。"这份源自郑板桥的墨宝，由其后人、清末书法家郑煊精心复刻于墙，于1999年的某个晨昏被重新发现，尘封的宝藏重见天日。

"吃亏是福"，这不仅仅是四个字的组合，它是商海沉浮中的一盏明灯，指引着无数商贾在风浪中前行。"鱼龙变化""方圆之道""里仁为美"等蕴含哲理的洪商格言，共同编织成洪商文化的璀璨篇章，映照出洪商的智慧与豁达。

然而，郑板桥的手迹何以落户千里之外的洪江？故事的线索，牵引至陈荣信商行的管家郑煊的高祖郑世超，这位郑板桥的族亲，是一位在商海中独树一帜的智者。

郑世超早年间，怀揣着梦想与勇气，只身来到洪江，投身商海。一场意外的遭遇，却成就了一段传奇。当时他的木排在洞庭湖遭遇劫匪。但是，郑氏木排上的筏工，都是训练有素的练家子，反而将劫匪扣住。筏工们本想以暴制暴结果劫匪，郑氏却加以制止，并拿出银两交给劫匪，说："用这些银子，去做点买卖，江湖险恶，要走正道"。

洪江陈荣信商行里，有块著名的壁塑，上有"吃亏是福"四字。很多坊间拓片皆源于此。其完整拓片由国家博物馆收藏。当年，郑燮（号板桥）族亲郑世超，在洪江经营木材，郑燮就写了幅字勉励他。其文云："满者损之机，亏者盈之渐。损于己则益于彼，外得人情之平，内得我心之安，既平且安，福即在是矣。"

劫匪感激涕零。筏工不解，问郑世超："掌柜的，给那么多钱，我们亏大了。"

郑世超笑道："钱没了，我们还有木材，亏不了。"

筏工又问："可您这么做，是不是助纣为虐？让劫匪认为打劫很容易？"

郑世超说："占山为王、打家劫舍，大部分都是穷苦人走投无路时，被逼无奈之举。有谁想背上劫匪的骂名呢？"

郑世超展现出超凡的胸襟与智慧，他慷慨解囊，赠予劫匪银两，劝其改邪归正。这一举动，看似吃亏，实则埋下了善果的种子。

命运的转折点，往往藏匿于不经意间。那年浙江大旱，木材短缺导致市场价格飙升，郑世超的木材因此身价倍增，不仅弥补了之前的"亏损"，更赢得了丰厚的回报。郑世超将这段经历分享给郑板桥，后者深受触动，挥毫泼墨，留下了《吃亏是福》这幅传世佳作。

郑煊，这位郑世超的后人，曾在商海中遭遇挫败，一度落魄回乡。在整理旧物的过程中，他偶然发现了郑板桥写给高祖的"吃亏是福"真迹，如同迷雾中的一束光，照亮了他的前路。郑煊携此墨宝重返洪江，凭借着先祖的智慧与遗泽，他的事业再度蓬勃发展。

为了铭记这段传奇，郑煊将《吃亏是福》的横幅及题记刻于院墙，作为家族的精神财富，警示后代子孙。而那份珍贵的原稿真迹，却如梦似幻，消失于历史的烟云之中，留下了一抹神秘的色彩。如今，国家博物馆珍藏着《吃亏是福》横幅的拓片，供世人瞻仰，诉说着"吃亏是福"的深远意义。

"吃亏是福"的哲学渊源

"吃亏是福"与"塞翁失马"这两个概念，都源于中国古代的哲学思想，体现了中国人的辩证观，以及对逆境和顺境的客观认识，彰显了中国人的智慧。

"塞翁失马"这个成语出自《淮南子·人间训》，讲述了一个住在边境的老人（塞翁）的故事。塞翁的马走失了，邻居们都来安慰他，他却说："这未必是坏事。"后来，那匹马不仅回来了，还带来了另一匹好马。又一次，塞翁的儿子骑新马时摔断了腿，人们再次来慰问，塞翁却认为这可能是一件好事。最终，当战争爆发时，他的儿子因为腿瘸无法参军，从而逃过了战乱，保全了性命。

这个故事传达的核心思想是，在看似不利的情况中，可能隐藏着有利的一面；反之亦然。这体现了道家哲学中"祸兮福之所倚，福兮祸之所伏"的观念，即祸福相依，事物的发展具有不确定性，我们不应过于执着于当前的好坏判断。因为事情的好坏并非绝对，有时候看似坏事，最终可能带来意想不到的好处，应当以开放的心态去接受和应对事物。

"吃亏是福"则是另一种场合下的辩证观。这个观点认为，人们在某些情况下接受暂时的不利或损失，却有可能获得长远的好处。例如，在商业交易中，一个愿意"吃亏"的商家，很可能会赢得客户的信任和忠诚，从而在长期获得更大的收益。

"吃亏是福"鼓励人们要全面客观看问题，要兼顾短期与长期利益，这种思想反映了对长远利益的重视以及对人际关系和谐的追求。

"吃亏是福"与"塞翁失马"两个故事背后，蕴含着深刻的哲学规律，一方面要超越现象，深入探索，另一方面当面临未知、处于困境或者危地时，要勇于辩证思考，才能变危为机、机中免危，不至于遭受致命挫折。

安徽桐城，是著名文学流派"桐城派"的故乡，地处安徽省中部偏西南，大别山东麓、长江北岸。桐城最大的望族为张家。张家最著名的人物叫张英（1637—1708），康熙六年进士，十二年任翰林院编修，康熙称其"有古大臣风"，后累官至文华殿大学士兼礼部尚书，民间俗称"宰相"。

张英家教甚严，具有敬慎廉俭、谦和礼让的官德人品。他以其亲身经历和切身体会，写了一部教育张氏后人立身做人的著作《聪训斋语》。他说："予之立训，更无多言，止有四语：读书者不贱，守田者不饥，积德者不倾，择交者不败。尝将四语律身训子，亦不用烦言伙说矣。"

张英晚年居乡村，但他从不以"宰相"自居，仅以一位山间老人身份与百姓交往。遇到担柴人，便退立道旁，主动让路。而有关他"六尺巷"的故事，最为世人称道。

张英桐城老家宅旁，有一块空地，与吴氏为邻，吴家越界占用，于是引起两家纷争。张英家人便修书一封，送给当时在京城做官的张英，请他做主。张英提笔批诗一首寄归。诗云："一纸书来只为墙，让他三尺又何妨？长城万里今犹在，不见当年秦始皇。"张家人接书，决定主动退让三尺。

张家的这一举动，如同春风化雨，温暖了邻居吴氏的心田，不久之后，吴家同样将自己的院墙后移了三尺。于是，原本剑拔弩张的边界线上，奇迹般地出现了一条通道，宽度恰好是六尺。这条小巷不仅成了两家友好相处的象征，更流传后世，被誉为"六尺巷"，成了一段佳话。这彰显了"吃亏"文化的魅力。

这个故事，不仅展现了张英的清廉、谦逊与智慧，更传递了一个深刻的人生哲理：在面对冲突与分歧时，退一步海阔天空，以退为进，往往能收获意想不到的和平与尊重。

无论是个人生活还是商业决策，"吃亏是福"都是可取的策略，它是"天道"的再认识，也是人类命运共同体的现实指南，是打造维持和谐、和平、繁荣社会的高级智慧。

减皮增油：刘松修的"吃亏"买卖

在湖南洪江的商贸历史长河中，刘松修的名字，闪耀着独特的光芒。他生于江西新喻县（今新余市），早年在其父刘蔚斋与叔伯兄弟刘炳煊创办的洪江刘同庆油号学习磨砺，满师后，他怀揣着梦想与勇气，返回故乡开创了刘恒庆糕点店，同时涉足花纱布贸易，展现了初生牛犊不怕虎的魄力。

抗战烽火燃起，刘松修携家带口重返洪江，接掌家族事业。因与刘炳煊经营理念有所分歧，他毅然决然，自立门户，刘安庆油号应运而生。

在民族存亡之际，刘松修展现出了非凡的洞察力与胆识。当长江封锁，油号纷纷停摆之际，他却逆流而上，凭借精准的市场判断与创新的经营策略，使刘安庆油号从一片废墟中崛起，成为行业翘楚。

抗战胜利后，曙光初现，刘松修即刻布局，以优厚待遇网罗行业精英，陈树人与黄昌元两位资深经理的加盟，为油号注入了新鲜血液。

与此同时，他严把质量关，推出"松麓牌洪油"，以品质赢口碑，以创新拓市场。

刘松修的智慧，更在于他对"吃亏是福"理念的深刻领悟与实践。面对油桶重量的统一标准，他巧妙构思，将油桶壁改薄，减轻桶重，然后使净油加重，由每桶净重60斤，改为61斤，实行薄利多销，深受用户欢迎。

"减皮增油"这一看似"吃亏"的举措，却深得人心，赢得了市场的广泛赞誉。在刘松修眼中，短期的利润让步，是为了换取更广阔的市场空间与长久的品牌信誉。他的这一决策，不仅未使刘安庆油号受损，反而使其声名鹊起，与庆元丰、杨恒源等行业巨擘并肩而立，年产量峰值高达4万桶，真正做到了名利双收。

刘松修"减皮增油"的故事，

位于洪江古商城里仁巷的刘松修商宅。

是对"吃亏是福"哲学的一次生动诠释。他证明了，在商业的征途上，敢于"吃亏"，往往能收获意想不到的福泽。

洪商智慧：解析"吃亏是福"与"难得糊涂"

郑板桥所题写的"吃亏是福"与"难得糊涂"两句人生格言，虽表达内容不同，却有着内在的联系，都是郑板桥生活经验与人生哲学的总结，体现了他的处世态度。

"吃亏是福"倡导的是一种不计较眼前得失的谦逊精神；"难得糊涂"则提倡在某些情况下，不必过分计较细节，保持一种豁达的心态。两者都鼓励人们从更长远的角度考虑问题，而不是仅仅关注眼前的成败得失。

但这两者有不同点，"吃亏是福"侧重于通过暂时的退让或牺牲，来换取更长远的利益，是一种弃小求大的生存策略。而"难得糊涂"，更多是如何处理日常工作生活中琐碎复杂的人际关系的学问，主张在不影响原则的前提下，避免过度介入纷争，保持一种平和的生活状态。

"吃亏是福"往往适用于涉及个人利益、得失判断的场景，教导人们在必要时放弃一些利益，以换取内心的宁静或未来的机会。而"难得糊涂"则适用于处理复杂的人际关系和社会事务，提醒人们不必在每个细节上都追求精确与公正，有时适度的模糊可以减少不必要的矛盾和冲突。

"吃亏是福"强调的是一种积极主动的心态，即主动选择"吃亏"，以期待未来的福报；而"难得糊涂"更像一种被动接受的状态，即在面对难以解决或解释的问题时，选择不去过分纠结，保持内心的平静。

总的来说，"吃亏是福"和"难得糊涂"都是郑板桥留给后人的宝贵智慧，分别从不同的角度提供了处理生活挑战的方法，共同构成了其处世哲学的重要组成部分。

第七章

重义轻利
洪商朴素的人文情怀

义重于金：洪商的信念追求

在洪江古商城的幽深巷弄中，两块刻有"义重于金"的牌匾静默地见证着岁月的流转，分别悬挂在忠义镖局的忠义堂与盛丰钱庄的门楣之上。这两处看似寻常的牌匾，实则承载着洪商深厚的文化底蕴与精神追求。

忠义镖局，这座建于清朝乾隆五十二年的北方四合院，不仅见证了洪江三大产业——洪油、木材、土药的辉煌，更以其"镖传四海，

信达三江"的行规，彰显了古代商路的安全保障。作为湘西地区首屈一指的镖局，它曾肩负重任，押送着财货穿越千山万水，抵达洪江。前院的"忠""孝""礼""义"四字与"十八罗汉练功图"，以及后院供奉的关武大帝，无一不在诉说着镖局对忠诚与正义的崇敬。

相传忠义镖局掌门人是来自长沙的刘大鹏，这位出身少林寺的武术高手，不仅武艺超群，更以其精明的头脑和广阔的社交网络，在金融街开辟了一片天地。除了为豪商巨贾提供押运服务，他还开设武馆，传授武艺，培养了一批批忠诚的弟子，成为洪江武林的一代宗师。

随着商贸的繁荣，钱庄如雨后春笋般涌现，盛丰钱庄便是其中的佼佼者。这家创立于清光绪三年的钱庄，凭借其独特的金库设计——明暗双层，巧妙地守护着巨额财富。地下金库的隐秘，直到2008年修缮时才被揭开，让人惊叹于古人的智慧与谨慎。

"义重于金"的牌匾，不仅仅是一件装饰品，更是洪商精神的凝练。洪商们深知，真正的财富来自内心的仁义与民族大义。他们将"对天勿欺""居仁由义""义重于金"等商界警言镌刻于中堂屋梁，视关公为商界的守护神，虔诚膜拜。历史证明，那些秉持重义轻利、恪守道德底线的商人，往往能在商场上走得更远。

在洪江的古街巷尾，每一块牌匾、每一座建筑，都在诉说着一段段关于诚信、智慧与勇气的故事。而"义重于金"的牌匾，闪耀光芒，

汛把总署位于洪江区沅江路育婴巷3号，地处洪江古商城中心位置。约300年前，汛把总署首任把总段芝兰留下的6句箴言，镌刻成匾额，置于窗棂之上，成为严于律己、修身做人的行为准则。这6句箴言分别是：对天勿欺、罔谈彼短、待人以恕、毋矜己奇、不局不卑、居仁由义。

照亮了洪商精神的真谛，让后人得以窥见那一代代洪江商人，是如何在商业与道德之间找到了完美的平衡点，留下了永恒的传奇。

"重义"，是儒商重要的伦理思想

孔子是儒家学派的创始人，他提出了一系列伦理道德原则，其中的"义"至关重要。"义"在孔子的思想中指正确的、正当的行为，是衡量一个人是否具备道德修养的标准之一。孔子强调，"义"应当建立在"仁爱""诚实"和"礼"的基础上，是个人与社会和谐相处的基石。

孟子进一步发展了孔子的伦理思想，他强调"义"不仅仅是外在的行为规范，更是内心深处的道德自觉。孟子认为，"义"是人类内在的良知，是区分善恶、判断是非的能力。他提倡"性善论"，认为每个人都有追求"义"的潜能，关键在于如何发掘和实践。

受孔子、孟子思想的影响，"义"在中国历史上被赋予了丰富的内涵，从古代的礼乐制度到各朝各代的法律典章，都渗透着"义"的精神。历史上无数的英雄豪杰、忠臣良将，他们之所以被后世景仰，很大程度上是因为他们践行了"义"的原则。

洪商中就有很多人极为"重义"，体现在商业活动中对诚信、公平、责任的坚守。他们在经营过程中，不仅追求经济利益，也注重道德信誉，他们认为良好的商业信誉是企业长久发展的根本。很多洪商注重维护与顾客、员工、同行及社会的良好关系，他们愿意在必要时牺牲短期利益以维护这些关系的和谐，相信长远来看，这种牺牲将带来更大的回报。

洪商的"重义"还包括承担社会责任。他们积极参与慈善事业，回馈社会，这种行为不仅提升了个人和企业的社会形象，也体现了对社会整体福祉的关心。

洪江古商城育婴巷三号，为清朝雍正六年(1728)设置的洪江汛把总署，在其天井二楼的栏杆上，挂着六块牌匾，镌刻着"对天勿欺、罔谈彼短、毋矜己奇、待人以恕、不局不卑、居仁由义"6句箴言，时刻提醒洪江商人要以"义"为重，实实在在地经商，堂堂正正地做人。

义字为先：杨竹秋弃政从商

吴老太之子杨荫樾，字竹秋，本是清末秀才，学识渊博，后就读于湖南政法学堂。当湖南省都督谭延闿慧眼识珠，欲引他入仕途之时，杨竹秋却做出了一个令人意外的选择——毅然决然地返回洪江，接过了母亲手中的重担，执掌杨恒源油号。

尽管杨竹秋并非理财高手，但他深谙用人之道，承袭了母亲的智慧与仁德，坚持"唯才是用"的原则，不论亲疏远近，唯能力是瞻。他深知，人才是企业发展的核心动力。因此，对油号内的正副总经理及各地分支机构的能人志士，杨竹秋不惜重金礼聘，赋予他们充分的职权，鼓励他们发挥所长，大胆开拓。同时，他对员工关怀备至，遇到家庭困难的员工，总是慷慨解囊，伸出援手。

这种以人为本的管理哲学，凝聚了全体员工的力量，使得杨恒源油号在短时间内实现了资金的大幅增长，流动资金飙升至30万银圆，年产洪油四万桶、秀油一万桶。

然而，杨竹秋的贡献远不止于商业领域。作为一名深谙"义"字精髓的商人，他始终将社会责任置于个人利益之上。在地方公益事业中，杨竹秋的身影尤为活跃。他慷慨解囊，捐资创办了商达小学、豫章小学，为洪江的教育事业播下了希望的种子。特别是在抗日战争的艰难岁月，他倡议并资助江西同乡会馆创办赣才中学，亲自担任首届董事会董事长。此外，他对私立洪达中学、雄溪女中、复兴小学等教育机构的建设，亦是鼎力相助，成为私立洪达中学首届校董之一。

杨竹秋的善举遍布洪江的每一个角落。从修缮文昌宫、铺设石板路，到在特大灾荒期间捐款给红十字会，用于收殓安葬无家可归的灾民，再到常年饥荒时捐赠大米，缓解民众的饥饿之苦，他始终以实际行动诠释着"乐善好施"的真谛。不仅如此，他还资助开办贫民工厂，修建雄溪大桥，致力于改善民众的生活条件，提升城市基础设施。

杨竹秋的一生，不仅在商业上取得了骄人的成绩，更在地方公益事业中留下了浓墨重彩的一笔。他的故事，如同一盏明灯，照亮了后人前行的道路，启示着每一个商人，唯有将"义"字放在心中最高处，才能实现个人价值与社会价值的完美融合。

20世纪30年代洪江油商杨竹秋。杨竹秋是大名鼎鼎的洪江八大油号之一"杨恒源"的老板，也是电视连续剧《一代洪商》中杨同昌的原型人物。"杨恒源"在八大油号中实力虽非第一，可杨竹秋在同行中有一个不一样的雅称——"儒商"。杨竹秋是慈善事业热心人。除不遗余力赈济灾民外，杨竹秋捐助最多的还是学校。赣才中学，他是首任董事长。私立洪达中学、商达小学、豫章小学、复兴小学、雄溪女中，都有杨家"股份"。

洪商的经济哲学、人文情怀与义利观

在中国古代社会的宏大叙事中，商品经济的萌芽与发展，如同涓涓细流汇成江河，历经重重阻碍，最终在某些特定的地域绽放出耀眼的光芒。其中，湘西的洪江，以其独特的经济土壤和洪商"重义轻利"的商业理念，不仅成为中国资本主义萌芽的一方热土，更孕育了一种朴素而深远的人文情怀。

洪江，一个远离中央政权视线的边陲之地，成为经济自由生长的良园。在这样一个相对宽松的环境中，洪商得以依据市场规律自由开展商贸活动，无须承受过多的行政枷锁。这种经济自由的形态，为商品流通、商业创新和资本积累提供了肥沃的土壤，进而促进了洪江地区的经济繁荣与社会进步。

在洪商的商业实践中，一种朴素的人文情怀贯穿始终，这既是对儒家"义利"观的深刻诠释，也是对社会伦理与个人道德的自觉追求。洪商不仅在追求经济效益的同时，坚守诚信与公正，对待客户以诚相待，对待员工以仁爱为本，更在社会公益中倾注心力，体现出对社会弱势群体的关怀与责任感。这种"重义轻利"的商业哲学，不仅塑造了洪江商界良好的社会形象，更促进了和谐的商业环境与稳定的社会秩序。

儒家的"义利"观，强调在追求利益的过程中，不应忘却道德的约束与社会的责任。洪商们在商业实践中，将这一理念融入日常决策，使之成为指导行动的内在准则。他们不仅在商贸往来中遵循公平交易的原则，更在社会生活中展现出对文化传统、教育事业和公益慈善的深厚关怀。这种将个人利益与社会责任相统一的朴素人文情怀，不仅体现了儒家思想的精髓，也为中国早期资本主义的发展注入了道德的力量。

在洪江的商业传奇中，我们看到了经济哲学与人文情怀的完美融合。在追求经济利益的同时，洪商们没有忘记对社会的回馈，对文化的尊重，以及对个人道德修养的追求。这种"重义轻利"的商业文化，不仅为洪江的经济繁荣奠定了坚实的基础，更在历史的长河中留下了深刻的印记。

20 世纪 20 年代德国人在洪江长岭界创办的爱怜医院远景。

20 世纪 30 年代，洪江的补碗匠人和全套行头，他手里拿的工具是金刚钻。

20 世纪 30 年代万寿宫码头。一群即将出行的市民、商旅们望着镜头，感到很惊奇。

第八章

同舟共济
洪商的互助共赢精神

同舟相助，梁懋竹智退劫匪

梁懋松，字秉干，出身瑞州府（今江西宜春市高安市）大富之家，后经不懈努力与家族的齐心协力，继续在商业舞台上绽放异彩。有一年，江西瑞州府发生了百年不遇的旱灾，造成粮食减产。在灾荒肆虐的日子里，梁懋松与弟梁懋竹、梁懋功，无私地将家中积攒的数千石粮食倾囊而出，赈济乡邻，使得很多乡民度过了灾年。

通过分享资源，梁氏一族展现了超越个人利益的仁爱之心，体现了对社会福祉的高度责任感。在灾难面前，他们没有选择独善其身，而是与乡邻同舟共济，共同面对困难，这不仅加深了梁氏一族与乡邻之间的情感纽带，也树立了洪商群体在社会中的正面形象，赢得了广泛的尊敬和赞誉。

梁氏一族对乡邻的深厚情感与无私帮助，是洪商"同舟共济、合作共赢"精神的重要源头之一。赈济乡邻，不仅仅是食物上的援助，更是一种精神上的慰藉和支持，彰显了洪商群体在面对逆境时，能够以大局为重，舍小我成大我的高尚情操，以及他们对于社会责任的深刻理解和践行。

值得一提的是，梁懋松的言传身教，也深深影响了梁氏家族成员。梁懋竹，这位胆识过人的洪商后起之秀，以智勇双全的壮举，诠释了"同舟共济"的新内涵。

一次，梁懋竹携友结伴，驾舟赴湘西洪江经商，夜幕降临之际，船泊洞庭湖。半夜，忽遭一群凶悍的湖匪围攻。面对持刀索财的匪徒，梁懋竹临危不乱，以一颗宽容之心与超凡的智慧，巧妙周旋。他坦然告知匪众，自己是船队首领，愿意拿出大部分财物以求平安，仅留下必要的盘缠与饭钱。此举不仅保全了同伴的财产，也展现了一种超越物质的高尚情操。

抵达洪江后，梁懋竹的义举迅速传开，赢得了同行的深深敬佩。商界同仁纷纷慷慨解囊，共襄义举，帮助梁懋竹弥补了损失，彰显了洪商间深厚的团结互助精神。这不仅是一次简单的财务补偿，更是洪商文化中"帮助他人即是自救，合则共存，分则俱损"理念的生动实践。

湘西洪商的崛起，离不开这种"同舟共济、合作共赢"的集体智慧。在商海沉浮中，个人的力量或许微不足道，但当洪商们紧紧团结在一起时，就如同一艘坚不可摧的大船，能够乘风破浪，驶向成功的彼岸。梁懋竹的故事，正是这一伟大精神的缩影，它启示我们，在任何时代背景下，唯有携手合作，才能在激烈的市场竞争中立于不败之地，实现个人与集体的共同繁荣。

在洪江的商贾传奇中，梁懋竹与梁懋松兄弟的故事，如同一面镜子，映照出洪商们团结互助、共克时艰的宝贵品质。他们的经历，不仅是对"同舟共济、合作共赢"精神的生动诠释，更是对后世商人的一种鼓舞与启迪，纵使艰难如斯，只要团结共济，终能跨山越海，获得成功。

十大会馆："自治之城"的温情脉络

在洪江这座历史悠久的商埠，会馆不仅仅是建筑的瑰宝，更是城市治理的灵魂所在。它们矗立于岁月的长河中，见证并参与了这座城市独特的治理方式，成为连接商业与民生的桥梁，展现了洪江独有的商业魅力与人文关怀。

沿着蜿蜒的河岸，码头星罗棋布，宛如城市的生命线，将繁忙的水路与繁华的商业街区紧密相连。每一座码头旁，几乎都能找到一家会馆的身影，它们不仅是商人们的聚集地，更是城市治理的神经中枢。

在洪江，会馆不仅象征着商业的繁荣，更是商业团体、商业者沟通、自治与互助的纽带。对于初来乍到的外地商人而言，会馆敞开的大门如同温暖的港湾，提供庇护与援助。在商海沉浮中遭遇挫败者，亦能在会馆找到归宿，获得返乡的路费，避免流落街头的命运，体现了洪商"同舟共济"的精神。

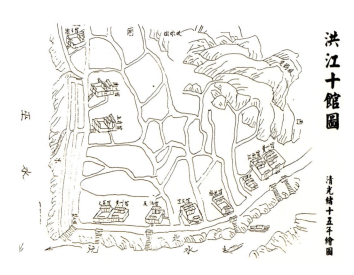

洪江十馆图

清光绪十五年绘图

清朝咸丰年间，十大会馆——江西会馆、徽州会馆、贵州会馆、福建会馆、黄州会馆、衡州会馆、宝庆会馆、辰沅会馆、湘乡会馆、七属会馆等，不仅是洪江商界的中流砥柱，更联合成立了"十馆"公所（设大佛寺），承担起了社会治理的重任。官府的信任与委托，让公所成为协调社会事务的关键力量，从为驻军

洪江十大会馆为：江西会馆、徽州会馆、福建会馆、黄州会馆、宝庆会馆、辰沅会馆、七属会馆（靖州、会同、绥宁、通道、锦屏、天柱、开泰等县，时称七属）、贵州会馆、衡州会馆、湘乡会馆。这些会馆，主要以血缘和地缘相结合，具有强大的凝聚力。如江西会馆、贵州会馆、宝庆会馆等，几乎垄断了洪江的洪油、木材等产业。五府十八帮，各自占据相关码头，垄断相关行业。十大会馆有强大的经济实力，行使了地方保甲、团练，以及社会福利、救助等政府职能。

筹措粮饷，到为地方筹集赈灾、消防、铺路修桥等公益事业资金，无不彰显了会馆在城市治理中的积极作用。

会馆不仅塑造了洪江的商业气质，更在社会公益与慈善事业中扮演了不可或缺的角色。在洪江古商城的深处，育婴巷及育婴堂，见证了商人们深沉的仁爱之心。由会馆筹措资金成立的这个慈善机构，承载着对生命的尊重与呵护，洪江张积昌油号一次性捐赠白银1800两的善举，至今仍被百姓传为佳话。

20世纪20年代中期，黔阳、会同大旱，庄稼颗粒无收，大量难民涌来洪江。面对突如其来的灾难，洪江各会馆迅速行动，广设粥棚，不分昼夜地为涌入的数万难民提供救助，这份人间大爱，温暖了每一个苦难的心灵，也书写了洪江城市治理史上浓墨重彩的一笔。

根据《洪江育婴小识》记载，光绪二年（1876），洪江江西会馆积极召集同乡商人，为设立义渡、购买渡船而捐资。商人们觉得这是

太平宫，又称"宝庆馆"，是宝庆人所建的会馆。这里码头较高，水、旱码头相连。宝庆人主要从事工业，在洪江素有"宝庆人的锤子"之说，所以来洪江做生意的手工艺人都要到这里拜码头。

善事，个个热心捐资。很快义渡建立，渡船购买，为当地居民及过往行人提供了极大的便利，促进了河流两岸的交流与往来，无疑对当地的经济活动与社会生活产生了积极的推动作用。

江西会馆并未止步于此。为防止有渔利者利用义渡谋取私利，进而引发争端，破坏这一公益事业，会馆主动作为，他们具禀会同、黔阳两地衙门，将义渡的相关事宜"立案永存"，并通过官方渠道"出示晓谕"，明确告知公众，以此杜绝一切可能的不良行为与恶习，确保义渡能够长期、稳定地为民众服务。

这一系列行动，不仅体现了江西会馆作为同乡组织的凝聚力与执行力，更深层次地反映了其在地方治理中的积极作用和重要贡献。会馆通过自身的努力，不仅促进了地方经济的发展，还加强了社会管理，维护了社会稳定，成为连接官府与民众、商家的重要桥梁。

宽松治理：洪江是明清时期的"经济特区"

洪江古商城的育婴巷，有一座雕花精美的建筑，这是清朝洪江"汛把总署"所在地；设有把总一员，战兵 42 名。司门巷设巡检司，驻巡检一员，有弓兵 16 名。另外，在龙船冲设厘金局，堡子坳设淮盐缉私局。这是清朝管理洪江的政府机构，一个负责当地军事，一个负责治安，一个负责征税，一个负责执法。除此之外，没有更多的行政管理。

明清时期，洪江的繁荣与东部地区扬州、苏州、汉口、南京、上海等地的繁荣有着基本相似的共同原因，比如地理位置优越、交通便利、邻近原材料产地等等，但也有其自身的特点，比如远离政治中心、行政管理偏松、缺少地方传统势力把控等，此外，由于其地方狭小、商业潜力不足，使得各级政府忽略了对它的盘剥。这些因素，共同促使洪江成为干事创业、发家致富的沃土家园，吸引了各地有远见的大小商人及能工巧匠前来经商发展。

由于客观原因，如手工业、制造业相对不发达，主要以商贸业为主，以及地方狭小、人口偏少、城市规模不大等，让洪江地区受到了较少的直接行政管理，除了治安、税收等方面的行政管理部门外，明清政府并未在该地设立其他有司衙门，这一方面造成了该地的商业环境相对自由宽松，另一方面也为当地商家的社会自治提供了机会。而这两样，反过来也激发了洪江地区相对自由的商业竞争与商业创新，从洪江来自全国各地的十大商会以及洪油等新产品的出现，便能一窥当时激烈竞争的商业环境与创新氛围。

现在看来，洪江当时算是典型的移民城市，绝大多数从业者都是来自外地的客籍，因为同为移民者，所以也会较少受到传统势力、传统思想的影响。况且在各地移民交流交往的过程中，终会因各自认识和思想方面的相异性，诞生更多新理念、新思路、新方法、新策略。这些不但容易在这里得到充分的实践，也能够在这里得到充分的检验，可以说，洪江算得上是明清时期的"经济特区"，这是洪江发展成为湘西地区商贸重镇的重要原因。

洪江"经济特区"的特点，除了受到更少的行政管理，另一个就是地方的社会自治。任何一个地方的良性发展，都离不开良好的社会治理。而洪江会馆制度向社会的延伸，承担了这一角色，填补了这一功能的空白。洪江的各大会馆，通过自发组织和自主管理，积极调节行业内外部矛盾，维持商业秩序，同时，积极介入慈善、教育、赈灾、安全、防火、救助等各类社会事务，形成了一套行之有效的自治办法和制度，弥补了政府行政管理上的不足，保障了社会的稳定和良性循环，为洪江的繁荣发展打下了坚实的社会基础。

此外，洪江社会自治的公平性，可能相较其他地方更高，这是移民城市缺乏传统势力影响的重要优势，也值得加以研究和借鉴。

会馆公所：慰藉游子的乡愁

洪江各大会馆、公所，在很大程度上成了身处异乡的商人与手工业者的聚会之所，其功能为"岁时祭其所先，洽比乡里"，是旅洪客商寻找乡愁、乡思、乡音与乡俗的精神家园。远在他乡，会馆不仅是一座座宏伟的建筑，更是一根根连接故乡的感情线，为远在他乡的游子提供了一片可以慰藉心灵的天地。

对于离乡背井的商人与手工业者而言，会馆是他们寻找归属感的地方。在会馆内，他们可以暂时放下在外漂泊的孤独与疲惫，与来自家乡的乡亲们相聚，共享家乡美食，讲述家乡故事，感受那份久违的温暖与亲切。会馆举办的节日庆典、乡俗活动，更会唤醒他们内心深处的乡愁与乡思，让他们在异乡也能感受到家的温暖。

在会馆中，乡音是最直接的乡愁载体。无论是日常交谈还是聚会中的欢声笑语，熟悉的方言和口音总能瞬间拉近彼此的距离，让身处异乡的人们倍感亲切。乡音的回响，不仅让会馆成为一个情感的避风港，也让它成为传承和弘扬地方文化的重要场所。

会馆不仅是乡音的回响地，也是乡俗的传承所。每逢传统节日，如春节、中秋节、端午节等，会馆都会举办丰富多彩的庆祝活动，重现家乡的风俗习惯，让在外的游子能够重温家乡的节日氛围。这些活动不仅增进了会员之间的感情，也成为下一代了解和学习家乡文化的重要途径，使得乡俗得以跨越时空的界限，代代相传。

除了情感慰藉，会馆还为身处异乡的商人与手工业者提供了一个社交与互助的平台。在这里，他们可以结识来自家乡的同行，分享商业经验，寻求合作机会，甚至在遇到困难时，得到来自同乡的援助与支持。这种互助精神，不仅增强了乡亲之间的联系，也为他们在异乡的事业发展提供了坚实的后盾。

在这个意义上，会馆不仅是一个物理空间的存在，更是一个承载着乡情与文化的灵魂之地，为异乡的游子编织了一个温暖的家。

"史无县治"：明清洪江的城镇管理

中国古代史上，洪江一直未设置县级行政区，所以民间说"史无县治"。据《洪江市志》记载："清末称洪江镇。民国初期为会同县洪江镇，民国十三年（1924）称会同县洪江市，后又改为镇。新中国成立后，置洪江市，隶属会同专区。以后市镇建制交错更迭频繁，至1979年9月，经国务院批准，恢复洪江市，属黔阳地区（1981年6月30日改为怀化地区）。1988年11月，经湖南省人民政府批准，为省经济计划单列市。"

民国之前的洪江，主要由会馆、行会等民间组织以及社会贤达自主管理，形成了一个较为独特的城镇治理模式。这种治理模式在一定程度上反映了明清时期内陆地区城镇发展的特点，即在中央政府的间接管控下，地方社会通过自我组织和管理，实现了相对稳定的城镇运行和发展。

　　会馆作为商人与手工业者们的"异乡之家"，在他们遇到困难时会提供实质性的帮助。比如，在遭遇创业或商业失败，或遇个人困境时，会馆会伸出援手，帮助解决路费等以便他们能够安全返乡，避免流落街头。在灾荒时期，会馆会组织赈灾，确保弱势群体得到必要的援助，体现了"同舟共济"的精神。

　　在商业交易中难免会发生争执与纠纷，会馆作为第三方，承担了调解和仲裁的角色。它们制定了一系列的内部规则和行规，用以维护市场秩序，减少恶性竞争，确保商业活动的公平与透明。这种机制有助于快速和平解决纷争，避免了长时间的法律诉讼，为商人提供了及时有效的争议解决渠道。

　　会馆还积极参与公共事务，如修桥铺路、消防救灾等，改善了城镇基础设施，提升了居住环境的安全性和便利性。此外，会馆还经常参与慈善事业，如设立育婴堂、救助贫困家庭等，进一步体现了其在社会福利方面的贡献，加强了社区的凝聚力和稳定性。

　　会馆同时也是商人与手工业者们交流思想、分享信息的场所。在这里，他们可以讨论商业策略，交换市场情报，甚至就社会问题发表意见，共同探讨解决方案。这种开放的交流环境促进了信息流通，增强了彼此之间的信任与合作，为商业决策提供了支持。

　　会馆在洪江的治理中不仅发挥了经济组织的作用，还充当了社会服务提供者、纠纷调解者和文化交流平台的多重角色。它们以"同舟共济、互相合作"的精神，构建了一个既有利于商业发展又能促进社会和谐的治理模式，为身处洪江的商人与手工业者们提供了一个全面的支持体系，使其在面对挑战时能够团结一致，共同应对。

五府十八帮：洪江商埠的繁荣

　　在洪江这片古老而又充满活力的土地上，商业竞争与合作的交响曲从未停歇。"五府十八帮"的兴起，不仅是一部商业组织的交流与融合，更是一曲"同舟共济、互助合作"的赞歌。在血缘与地缘的纽带下，洪江商人结成紧密的商业联盟，共同开创了内陆山区商业繁荣的新纪元。

　　洪江商界的"五府"：辰州府、沅州府、宝庆府、常德府、衡州府；"十八帮"：金寿帮、益阳帮、黄州帮、常德帮、长郡帮、江西帮、邵阳帮、辰沅帮、天柱帮、沅陵帮、汉口帮、京苏帮、黔阳帮、麻阳帮、会同帮、溆浦帮、芷江帮、湘乡帮，共同构成了洪江多元而繁荣的商业生态。

以江西帮为代表的"五府十八帮"与"十大会馆"，构筑起一个有强大凝聚力的群体网络。在商帮与会馆的庇护下，油、木、钱、布等行帮应运而生，彼此之间不仅竞争激烈，更在竞争中求共赢，共同构建了和谐稳定的繁荣景象。至同治三年（1864），洪江商界涌现出了诸如张积昌、高灿顺等积资巨万的商户，其中张积昌以其雄厚的资产被誉为"张百万"，稳坐洪江首富之位，成为洪江商帮繁荣的象征。

明清时期，洪江以其独特的地理位置，成为华东地区货物通往西南诸省的重要中转站，为鄂、湘、滇、黔、桂物资的集散地，被誉为"五省通衢"。48个水码头星罗棋布，其中"犁头嘴"最为著名，有谚语称："汉口千猪百羊万担米，比不上洪江犁头嘴"，这句夸张的形容，恰如其分地勾勒出了洪江物流中心的繁华盛景。

这里有个问题，洪江商埠的"五府十八帮"，是否造成了商业分割？

洪江的"五府"与"十八帮"，虽立足偏僻之地，却有海纳百川的广阔胸襟，勇于吸纳各地商人，促进帮系间的交流与合作，开创了同舟共济、互助合作的商业局面。这种开放与包容的态度，不仅推动了自身的发展，也促进了整个洪江商业的蓬勃繁荣。

洪江商埠的繁荣得益于这种商业联盟的形成与运作。商帮之间通过互相支持、资源共享、信息互通等方式，共同应对市场挑战，把握商业机遇。这种合作模式不仅增强了洪江商人在市场上的竞争力，也提升了洪江商埠的整体形象和影响力。

因此，洪江大量商帮的出现并未造成商业分割，反而促进了商业的整合与发展。这种整合不仅体现在商帮之间的紧密合作上，也体现在洪江商人与外界商人的广泛交流与合作上。正是这种开放与包容的商业文化，铸就了洪江商埠的辉煌历史。

沅江上各类船只和排筏在作业，这种繁忙景象一直延续到 20 世纪 90 年代中期。

第九章

鱼龙变化
商海沉浮与人生警醒

太平缸里的"鱼龙变化"

在洪江的古巷深处，那些高墙深院中的窨子屋，虽然外壁坚固防火，但木质结构的内部时刻面临着火灾的威胁。尤其嘉庆元年（1796）的元宵节之夜，关圣殿灯火通明，人群熙攘，一场突如其来的火灾，让数十条鲜活的生命戛然而止，成为洪江人心中永远的伤痛。

这场灾难，如同警钟长鸣，唤醒了洪江人对于消防安全的重视。为防止类似的悲剧再次上演，太平缸应运而生，成为这座古城一道独特的风景。在古城的巷道路口，距水源较远的院落，皆设置供消防应急的大水缸，取名太平缸，寓"保太平"之意。

太平缸不仅承载着灭火的重任，更蕴含着深刻的文化寓意。这些石雕工艺品，精美的图案与周围环境相得益彰，是洪江人智慧与审美的结晶。

太平缸，不仅是一种实用的消防设施，它们的存在，也是对生命与安全的尊重。在日常安宁的日子里，太平缸内蓄满了清水，偶尔游弋着几尾金鱼，成为府邸中一道灵动的景致。这些水缸，有的呈方形，由五块石板拼合而成；有的则是正六边形，由七块石板巧妙组合；更有甚者，采用整石雕刻，形似古朴的陶缸，彰显出匠人的高超技艺。

在太平缸的石壁上，镌刻着各种寓意深远的图案与文字，其中不乏"鱼龙变化"的象征。这一古老成语，原本形容读书人通过科举跃

龙门，但在洪江，它被赋予了全新的含义。这里是
商海的风口浪尖，无数人在这里奋斗拼搏，有人一
夜暴富，有人瞬间落魄，正如鱼跃龙门，变幻莫测。
这不仅是对商海沉浮的真实写照，更是对所有追梦
者的激励与警醒：唯有不懈努力，才能把握机遇，
实现从贫穷到富有的跨越。

太平缸长宽尺寸一般不超过 1.5 米和 1 米，高在
1.2～1.5 米，缸体外壁，刻有精美的动植物纹样，
也有在缸体上雕刻"龙腾鱼跃""鱼龙变化"等字样，
多由书法名家题写，韵味古朴，艺术水平极高。

太平缸，作为洪江古商城的守护神，见证了无数商人的悲欢
离合。它们不仅是历史的见证者，更是文化的传承者，提醒着一
代又一代的洪江人：在这片充满机遇与挑战的土地上，唯有勇敢
地面对商海风浪，才能实现真正的"鱼龙变化"，成就一番事业。

梁湘帆：商海逐浪，鱼跃龙门

清同治年间，在洪江奋斗的梁湘帆，是洪商"鱼龙变化"的真实
案例。

梁湘帆出生于河南开封的一个小地主家庭，自幼就展现出不凡的
天赋。他饱读诗书，胸怀壮志，渴望在更广阔的天地中施展才华。然而，
科举之路饱受坎坷，屡试不中，不得已选择了另一条人生路径，他收
拾行囊，毅然决然地踏上行程，前往洪江，决心在商海中搏击风浪，
追寻属于自己的人生。

初到洪江，梁湘帆犹如一尾初入大海的小鱼，面临着未知的挑战
与机遇。他没有被眼前的困难吓倒，而是凭借着坚韧不拔的意志和敏
锐的洞察力，从小本生意做起，一步步在商界站稳了脚跟。凉粉摊前，
他以俊朗的外表和出众的口才，赢得了顾客的青睐，更引起了当地商
界巨头的注意。

命运的转折，往往就在不经意间降临。一次偶然的机会，洪江巨
商朱致大的大管家发现了梁湘帆的潜力，三次诚邀之下，梁湘帆加入
了朱府，从一名学徒开始，踏上了职业成长的快车道。他深知，唯有

不断学习与实践，方能驾驭商海的风浪。凭借着深厚的学识和卓越的商业头脑，梁湘帆迅速崭露头角，从账房先生到管家，每一次角色的转变，都见证着他从"鱼"到"龙"的蜕变。

十余年的磨砺，梁湘帆羽翼渐丰，拥有了独立创业的资本。他怀揣梦想，创立了"梁德心堂"，开启了属于自己的商业帝国。不同于常人的经营策略，梁湘帆倡导多元化经营，业务遍及油、盐、米、茶、丝绣、钱庄等多个领域，足迹甚至跨越国界，与美国商人合作创办"美孚洋行"，在洪江乃至海外贸易中占据一席之地，书写了一段商业传奇。

时光荏苒，梁湘帆的名字，早已与洪江四大巨贾齐名，成为一代商界巨擘。从微不足道的小鱼到遨游商海的巨龙，他的故事，是对"鱼龙变化"的最生动的诠释。梁湘帆的人生经历告诉我们：无论起点如何，只要有梦想，敢于拼搏，每个人都能在人生的舞台上，完成从"鱼"到"龙"的华丽转变，书写属于自己的辉煌篇章。

商海浮沉，警醒犹在耳畔

洪江古商城"太平缸"上的"鱼龙变化"图腾，不仅仅象征着从"鱼"到"龙"的蜕变，更蕴含着深刻警示：在瞬息万变的商界，即便是"龙"，亦不可忽视"鱼"的本质，时刻保持警醒，以免重蹈"龙鱼互换"的覆辙。梁湘帆一家后半段的故事，正是对这一警示的鲜活注解，提醒着世人，辉煌背后的脆弱与转瞬即逝。

梁湘帆去世后，家族的重担落在了儿子梁屏生肩上。然而，梁屏生既无商业才能，又沉迷于声色犬马，挥霍无度，不仅不懂经营之道，更娶了九房太太，加速了家族财富的消耗。后来梁屏生早逝，使得梁家后继无人，家业不得不交由梁湘帆的小姨太张翠道、五姨太王润清及管家顾义仁共同管理。

然而，张翠道缺乏管理才能，难以维系家族基业；王润清性格豪放，乐善好施，却也导致家产在慷慨解囊中日渐缩水。到了 1946 年，梁府管家顾义仁的一次投资决策，成了压垮梁家的最后一根稻草。他将梁家剩余财产投入武汉国棉裕华纱厂，企图东山再起，却不料投资失败，家产最终落入他人之手，梁家由此彻底从"龙"跌落回"鱼"。

这则故事，让人不禁感慨万分，正如当时人所言："富时莫把穷来忘，世代荣华富贵享，家门出了纨绔子，万贯家产都败光"。

梁湘帆及其家族的兴衰历程，仿佛一面镜子，映射出商海的无情与变幻。它告诫每一位在商界摸爬滚打的人，无论何时何地，都不能忘记初心，保持警醒，谨防"龙鱼互换"的悲剧重演。在财富与荣耀面前，唯有谨慎与智慧，方能长久立于不败之地。

杨金生：鱼跃龙门，简朴中见真章

杨金生，1882年生，江西新淦县（今新干县）人。虽文化程度不高，却天生精于盘算，拥有非凡的商业谋略。少年时，杨金生随父赴贵州镇远学艺，在"同裕厚"号厨房帮工期间，他不仅体验了生活的艰辛，更积累了宝贵的市场洞察力。老板见其诚恳朴素，委以押运重任，杨金生亦不负厚望，风餐露宿，为号里节省开支，赢得信任。

命运的转折点，发生在第一次世界大战期间。"同裕厚"因五倍子外销受阻，仓库积压，老板一筹莫展之际，杨金生洞察商机，果断出手，大胆收购。战争结束后，五倍子价格飙升，他赚得"第一桶金"，为日后的商业腾飞奠定了基石。

有了资金，杨金生决定，前往商业重镇洪江发展。于是，他东迁洪江，不仅继续深耕五倍子市场，还涉足黄豆、牛皮、桐油、水银等多种商品的贸易，将货物运往汉口等地销售。所得款项，他又用于采购布匹、棉花、棉纱、煤油等商品，运回贵州销售，形成了稳定的贸易循环。

杨金生做生意的方式低调而内敛，除了在贵阳和安江两地设立庄员驻守外，货物经过的镇远、新晃、辰溪、常德、武汉等地，均委托他人代为管理。他认为，这样的模式既能避免过度张扬，又能大幅减少管理成本。因此，尽管杨金生名声在外，但外界对其商号"怡昌厚"的了解并不多。得益于其精明的经营策略，杨金生的流动资金在全盛时期达到了惊人的30多万银圆。

身家日益丰厚，杨金生却始终保持俭朴的生活作风。一件长衫，穿了整整三十年。他常穿着蓝布衣裤，厚底布鞋，青衣小帽，土气十足。这样的装扮，曾让他在长沙何芟笙钱庄遭受冷遇，却也说明了他低调内敛的性格。

面对外界的轻侮，杨金生淡然处之，不为虚名所累。他深知，真正的财富，不在表面的奢华，而在于内心的充实与事业的稳固。对待同乡后辈，他关怀备至，宴请宾客时，更是豪情满怀，展现其慷慨大气的一面。

杨金生的故事，是"鱼龙变化"之精髓的体现。他从一个学徒起步，凭借敏锐的市场洞察力与稳健的经营策略，逐步建立起自己的商业王国。从五倍子的囤积待售，到多种经营的布局，再到低调内敛，每一步都透露出他对"鱼龙变化"之道的深刻理解与运用。

更重要的是，杨金生的俭朴生活，不仅是个人选择，更是一种对财富本质的深刻认知。在他看来，真正的富有，不在于外在的炫耀，而在于内心的平静与满足。这种态度，不仅为他赢得了业界的尊重，也成为后世商人的典范。

第六批全国重点文物保护单位：洪江古建筑群。

第十章

方圆之道
处世与经商之道

徐复隆：方圆之道，商海航标

在洪江古商城的青石板路上，岁月静好，每一砖一瓦都承载着历史的厚重。其中，徐复隆商行犹如一颗璀璨的明珠，熠熠生辉。徐复隆建于清同治十二年（1873），这栋两进两层的庭院式建筑，既是徐佐百、徐达臣两位儒商兄弟的商贸基地，也是他们智慧与理念的实体展现。一楼用于日常经营与居住，二楼则用于储存货物。

徐佐百与徐达臣，这对饱读诗书的兄弟，学识渊博。他们由文入商，将儒雅之风与商业智慧完美融合，凭借坚韧不拔的毅力，在洪江商海中劈波斩浪，开辟出一片属于自己的天地。徐复隆商行，便是他们智慧与汗水的结晶，不仅在洪江商人中独树一帜，更成为儒商精神的典范。

步入洪江古商城徐复隆商行，首先映入眼帘的是一根独特的"警示柱"，圆润的木柱底部，嵌入一块四四方方的石头，这块方石棱角向外，凸出圆柱，走路稍不慎，即会碰伤，以此警醒过往的每个人。

"方圆之道"，通过这一设计，具象给大家。商人殊不易，打交道者，官宦士绅、贩夫走卒，各色人等，这根柱子，象征着"内圆外方"的经商理念，寓意着在复杂多变的商业环境中，既要坚守内心的正直与原则，如石头般坚硬不可动摇，又要具备圆融的处世智慧，以适应复杂多变的市场环境和各色人等的交往需求。这根"警示柱"，不仅是徐氏兄弟智慧的凝结，也是洪江商人世代相传的经商准则，以提醒自己和后代，在追求财富的同时，不忘初心，坚守原则，行稳致远。

但是，在洪江民间，"方圆之道"则更多被赋予了变通的意味。这里的"方圆"不再是简单的几何形状，而是一种生活智慧和处世态度。当人们说"请您方圆一下"时，实际上是在请求对方能够变通处理事情，给予一定的理解和宽容。这种说法体现了洪江人民在日常生活中注重和谐、灵活应对的生活态度。他们相信，通过适当的变通和相互理解，可以更好地解决生活中的矛盾和困难，促进人际关系的和谐与社会的稳定。

徐复隆的"方圆之道"，不仅成就了商行自身的辉煌，更成为洪商的摇篮，培养出一批批杰出的商业人才。其中，徐氏兄弟的荣昌祥布店与徐荣昌油号，以及清末秀才郑甦生、郑惠群父子的新昌油号，都是在这一理念的滋养下发展壮大的，成为商号中的佼佼者。

徐复隆商行里的方圆石柱，蕴含着商道哲理。

徐复隆商行的"警示柱"，不仅是一件艺术品，更是一部生动的教科书，它教会我们，在追求商业成功的同时，注重内心的修养与道德的坚守，方能成为真正的洪商。

"方圆之道"之渊源

"方圆之道""内方外圆"，是中国传统文化中蕴含的智慧，尤其在儒家和道家哲学中得到了深刻的体现。

在儒家思想中，"方"通常象征着正直、原则、规则和道德规范。孔子主张"克己复礼"，强调个人应当遵守社会规范和伦理道德，这体现了"方"的内在要求。儒家推崇的君子之道，即是"方"的体现，意味着在内心坚守正义和道德，不随波逐流。

道家哲学则强调顺应自然、无为而治和变通。老子在《道德经》中提到"道法自然"，主张"圆"的处世哲学，即灵活应变，不固执己见，能够随着外界环境的变化而调整自己的行为。这种"圆"的智慧体现在处事的圆融、包容和顺应天道。

"方圆之道""内方外圆"则将儒家的正直与道家的变通相结合，

旨在达到一种内外和谐的状态。内在的"方"代表了个人的价值观和道德标准，是做人的根基；外在的"圆"则是一种处世智慧，意味着在与人交往和处理事务时，能够灵活变通，以减少冲突，增进和谐。

在社会和商业实践中，"方圆之道"表现为一种处世哲学，教导人们在坚持原则的同时，也要具备适应环境和解决问题的能力。它提倡在维护个人信念和道德的同时，能够灵活应对各种情况，既不失去自我，也不孤立于社会之外。

"方圆之道"的理念，在中国历史上被广泛接受和传播，不仅体现在个人修养和处世哲学上，还融入了中国传统的建筑设计、器物制作（如铜钱的内方外圆设计）以及社会管理等多个层面，成为中华民族文化基因的一部分。

在当代社会，"方圆之道"仍然具有重要的现实意义。在全球化的背景下，它鼓励人们在坚守社会主义核心价值观的同时，保持开放的心态，尊重多元文化，促进跨文化交流与合作。

在商业领域，"方圆之道"提醒企业家，既要遵循商业法则，又

1922年徐复隆商行员工合影。徐复隆商行位于洪江古商城一甲巷17号，由儒商徐佐臣、徐达臣两兄弟于清同治十二年（1873）所建。徐复隆商行的"方圆之道"警示柱，蕴含了坚持原则、有圆有方、堂堂正正处事经商的要义。

要灵活应对市场变化，实现企业的可持续发展。

"方圆之道""内方外圆"，是中华文明智慧的结晶，它融合了儒家的正直与道家的变通，体现了中国人在处理内外关

系时的哲学思考和实践智慧，对个人修养、社会和谐及商业成功都有
着深远的影响。

方圆之道：传统哲理在商业中的应用

洪商的经营之道"内方外圆"，体现了中国传统哲学思想在商业
实践中的应用，这种理念并不局限于洪江商人，而是广泛适用于中国
乃至世界各地的商业中。我们可以从"内方外圆"的角度，来探讨洪
商的经营之道。

内方，代表商业原则和道德底线，如遵守法律、诚信经营、公
平交易、重视信誉等。洪商们坚信"财自道生、利缘义取"，认为财
富应来自正当的途径，利润应基于道义。

外圆，则是对外界的适应性和自身的灵活性，包括对市场变化的
敏感、对客户需求的理解以及对竞争对手的尊重和合作。这种圆融的
态度有助于解决商业冲突，促进长期合作关系的建立。

方正原则，能确保企业的稳健发展，减少因道德法律风险导致的
损失。同时，圆润策略，能让企业在市场波动中及时抓住机遇，灵活
调整战略以应对不确定性。

在企业文化建设上，内方外圆，首先要求企业形成一套明确的价
值观和行为准则，这是企业灵魂的核心部分。其次要与员工、客户和
合作伙伴和谐相处，通过人性化管理增强团队凝聚力和客户满意度。

洪商们不仅注重经济效益，还强调社会责任。他们在经营中兼顾
公共利益，积极参与社区建设和社会公益活动，从而赢得社会的尊重
和支持。

"内方"强调长远规划和可持续发展战略，确保企业根基稳固；"外
圆"则侧重于短期战术的灵活性，使企业能够在瞬息万变的市场环境
中生存和发展。

洪商文化的传承，特别是家族企业的代际传承，需要遵循一定的
原则和规矩，这是"内方"的体现。而"外圆"则鼓励在继承传统的同时，
不断寻求创新和突破，以适应新时代的要求。

所以，"内方外圆"不仅仅是洪商的经营之道，它也是一种生活
哲学，指导着人们如何在复杂多变的社会环境中找到平衡点，既坚持

自我原则，又不失适应环境的能力。

方圆之道：绝不是"圆通有术，左右逢源"

在一些谈论经商之道的图书中，把"方圆之道"简单地理解为"圆通有术，左右逢源"，这是十分错误的。这种解读容易让人误解为单纯的圆滑世故或投机取巧，忽略了"方圆之道"深层次的哲学内涵和道德价值。

"方圆之道"中的"方"，代表的是内在的正直、原则和行为底线，它是经商之本，是企业或个人在市场中立足的基石。仅强调"圆通有术"，会让人忽视坚守原则的重要性，甚至误以为在商业交往中可以放弃原则。

"左右逢源"，意味着在各种情况下都能游刃有余，这本身没有错，但如果过分强调，可能会导致在处理问题时缺乏坚定立场，甚至出现为了达成目的而不择手段的情况，这与"方圆之道"的初衷相违背。

短期内的圆滑和左右逢源，或许能带来一些便利和利益，但从长远看，缺乏核心价值观和道德约束的企业，很难持续发展，更难以赢得客户和社会的信任。真正意义上的"方圆之道"，要求在保持灵活性的同时，坚守长期主义和可持续发展的原则。

将"方圆之道"简化为"圆通有术，左右逢源"，将会误导人们的价值观，让人以为在商业成功中，圆滑和投机，比诚实和努力更重要，这种观念不利于培养健康的企业文化和商业生态。

正确地理解和实践"方圆之道"，应该是在坚守内心的原则和道德底线的基础上，采取灵活的策略和方法。这意味着在处理人际关系和商业事务时，既要遵循合法、诚信、公平、责任等基本原则，又要具备适应环境变化、解决问题的能力。只有这样，才能在复杂多变的商业环境中，既保持企业或个人的道德高度，又能有效地应对挑战，实现可持续发展。

方圆之方与洪商的清正、廉洁

洪江杨姓商人以杨震为先祖，杨震以"四知"（知感、知愧、知惧、知慎）闻名，其清廉、公正的品格成为后人效仿的典范。

家庭教育和家风传承中，"清白传家"成为核心价值，强调诚信、公正、廉洁的重要性，这种家风通过建筑上的题词和门联体现出来，如"关西世第""清白传家"等，不仅美化了环境，更深深根植于家族成员的心中，形成了一种内在的道德约束和追求。

杨义斋木行的"义记"标志，体现了洪商在经营活动中遵循的"义方恪守"原则，即在生意场上坚持诚信为本，遵守行业规则，确保商品质量和服务标准，这与"方圆之道"中强调的外圆内方、既灵活又坚守原则的精神相契合。

"片言九鼎威信源于清正，一公百服声望始于廉明"，这副对联，直接点明了清正廉洁对于建立个人威信和社会声望的重要性，说明了在任何领域，包括商业，清廉都是赢得尊重和信任的基础。

雍正时期的吏治整顿，通过清查亏空、火耗归公、取缔陋规、实行养廉银等措施，体现了"方圆之道"中对权力的规范使用和对腐败的打击。设于洪江的汛把总署，曾有为官做人的六句警言："对天勿欺、罔谈彼短、待人以恕、毋矜己奇、不局不卑、居仁由义。"而方圆之道，可与此呼应，倡导官员应以清廉、公正为行为准则。

这些反映了大家对"方圆之道"中"公生廉，廉生威"理念的理解和实践，即公正无私的行为能够产生清廉的品质，进而树立权威，这对于构建健康的权力生态至关重要。

总之，洪商的"方圆之道"与清正廉洁之间存在着紧密的联系，它不仅体现在个人的道德修养和商业伦理上，也延伸到了社会治理和社会文化层面上，是一种全面而深刻的道德哲学体系。

方圆之道与超越陈规

在《孟子·离娄章句上》中，有一句千古流传的智慧之言："不以规矩，不能成方圆"，以其深邃的哲理，跨越时空，影响至今。这句格言，不仅阐述了规则对于秩序构建与目标实现的基石作用，更隐含着一种超越陈规、追求卓越的深层意蕴。

规矩，乃社会之基石，个人之准绳。它定义了行为的边界，如同无形的尺子，衡量着何为可为、何为不可为。方圆，喻指目标与成果，是人类追求的具象化。正如匠人需依规而作，方能雕琢出完美的方圆之形，个人与社会亦需遵循既定的路径与方法，方能达成所愿。规则与目标，如影随形，相辅相成，共同编织着成功的蓝图。

对个人而言，"方圆之道"提醒我们在逐梦之旅中，应恪守社会共识的规范与道德准则，否则不仅难以收获社会的认同，更可能误入歧途，与初衷背道而驰。于社会层面，法律、制度、习俗等构成了共同遵守的行为指南，维系着社会肌体的健康运转与和谐共生。

然而，"不成规矩，无以方圆"并非僵化守旧的代名词，而是倡导在尊重规则的基础上，勇于探索与创新。规则是创新的土壤，创新是规则的升华。二者相辅相成，如同双螺旋结构，共同推动着社会的进步与发展。

因此，这句古老的格言，不仅是一幅描绘几何图形的素描，更是一种朴素的哲学思想，强调了规则对于实现个人目标、维持社会稳定、促进文化传承和推动社会发展的重要作用。它启示我们，规则与创新并重，方能绘就个人成长与社会进步的新篇章。

洪江古商城因水而兴，成为沅水上游地区的商业中心。图为电视连续剧《一代洪商》拍摄的外景地，20世纪30年代繁忙的洪江港。

第十一章

里仁为美
睦邻友好与和谐共生

洪商"里仁为美"的佳话

洪江古商城里仁巷内的刘同庆油号的门楣之上，"里仁为美"四字牌匾不仅标注着这条巷子的名称，更典藏了一段感人至深的故事，讲述着洪商文化的深厚底蕴与仁义精神。

追溯往昔，清代的洪江，杨姓木材商人与陈姓油号老板之间的一次偶然交易，不经意间掀开了"里仁为美"的美好篇章。杨老板因一时资金短缺，无奈之下将一处房产售给陈老板，未曾想，陈老板却在房内发现了意外之喜——一坛金子。

面对意外之财，陈老板选择将其完璧归赵，这份慷慨与诚信，正是"里仁为美"精神的生动体现。陈老板的仁义之举，让这段故事平添了几分温暖与光亮。

面对陈老板的善意，杨老板并未接受，反而坚持认为，金子应属新主。两位仁义之士相互推让，久决不下，两人一起去找会馆的会长裁决。

陈老板说：这坛金子不在买卖契约中，理应归还原主；杨老板说房子都卖给他了，房子里的一切就是买主的了。

会长沉思半晌，出了一个主意：你们看看，你们那条街道，坑坑洼洼，损坏已久，既然你们都推辞，这金子就用来修路吧，造福百姓。

两位商人听了，都说好。会长当场写下了"里仁为美"四字相赠。陈老板回家后，立即让人将这四个字做成牌匾嵌在门楣。两位老板重信轻利之举，赢得了商誉，生意越来越红火。

在会长的智慧调解下，一场关于财权的推辞，最终转化为一场惠及百姓的公益行动。金子被用于修缮坑洼的道路，为里仁巷乃至整个洪江带来了实实在在的好处，也见证了"里仁为美"理念的实践魅力。

时光流转，岁月更迭，尽管那座承载着故事的窨子屋已几易其主，但"里仁为美"的牌匾始终高悬，每一次新主人到来，都会怀着敬仰之心，重新为这四个字涂上金粉，使之焕发新生。这不仅是一种物质上的传承，更是对仁义美德的铭记与延续。

自此，里仁巷成为仁义之美的象征，它的故事如同春风化雨，滋润着每一位居民的心田。

巷内居民深受洪商文化的熏陶，彼此间和睦相处，互帮互助，将"里仁为美"的精神融入日常生活的点点滴滴，共同守护着这条巷子的宁静与美好，使之成为洪江乃至更广阔天地中的一道风景，彰显仁义之美，传递人间的温情与正能量。

"里仁为美"，不仅是一句镌刻在牌匾上的古训，更是流淌在洪江古商城血脉中的历史基因，激励着一代又一代的洪商与居民，以仁爱之心，行善举之事，共创和谐美好家园。

"里仁为美"之历史渊源

"里仁为美"出自《论语·里仁》篇。孔子曾说："里仁为美。择不处仁，焉得知？"这句话的意思是说，居住在一个充满仁爱的地方是最美的，如果选择住处时不考虑是否仁爱，那么就不能说是明智的。这里的"里"可以理解为居住的环境，包括邻里社区，而"仁"则是儒家思想的核心价值之一，指的是仁爱、仁慈和道德的品质。"里仁为美"体现了儒家对于理想居住环境和人际关系的追求。

作为儒家最重要的经典之一，《论语》记录了孔子及其弟子的言行，其思想对中国乃至东亚文化圈产生了深远的影响。"里仁为美"的观念，随着《论语》的广泛传播而深入人心。

在古代中国，人们的生活多以家庭和邻里为基础，形成了紧密的社会网络。"里仁为美"反映了古人对于社区内部和谐共处、互相关怀的理想状态的向往。在中国古代教育体系中，"里仁为美"是培养

里仁巷，位于洪江古商城犁头嘴社区。里仁巷头的门额上，有浮雕四字"里仁为美"，出自《论语·里仁》，意思是，居住在有淳朴、忠厚、仁德的风气的地方才算美好。里仁巷右手边一共有四栋窨子屋，最里面是洪江巨贾刘松修的商宅。

君子品格的重要内容，通过家庭教育、私塾教育以及官学教育等途径，向后代灌输仁爱的价值观。

"里仁为美"的思想在后世被不断解读和应用，影响着人们的道德观和生活方式。进入现代社会，"里仁为美"仍然具有现实意义，被赋予了新的时代内涵。在现代社会的乡村治理和社区建设中，"里仁为美"被视作构建和谐社区的指导原则之一。

"里仁为美"不仅是儒家文化中的一句名言，它还是一个活生生的文化现象，从古至今，在中国的社会生活中发挥着积极的作用，促进了人与人之间的和谐与互助，以及社区的文明进步。这一理念的传承与实践，体现了中华民族对美好生活的追求和对社会伦理价值的坚守。

江右商帮：仁义之美，流淌洪江

江右商帮的一些故事，不仅记录了商界的传奇，更成为人性光辉的见证，它们随着江右商帮的迁徙，跨越时空，将仁义与宽容的美德，深深镌刻在洪江这座古老商埠的文化血脉之中。

周提山，字洪远，庐陵县（今江西吉安县）永福金狮岭人，为人忠厚，同里邻人称为长者。幼时家贫，在洪江经商，勤奋谨慎，坚守诚信，为同行所推崇。不喜欢储蓄财物，赡养亲人剩余的部分，就用来赈济贫困之人。周提山曾说："积攒财富遗留给子孙，不如积德行能持久。"

邓兆龄，清代新城县的一位杰出商人，自幼便展现出了超凡的商业天赋与高尚的品德。在庚辰年的大饥荒中，邓家慷慨解囊，捐赠了700多石粮食，知县为此赠予"有孚惠心"的匾额，赞誉其善行。邓兆龄对一位黄姓商人的无私援助，更是传为佳话。据传，黄某在经商途中，因翻船遭受重大损失，邓兆龄不仅没有追究，反而再次伸出援手，这份信任与宽容，最终收获了黄某数倍的回报，展现了仁义之美超越物质的价值。

涂肇新，字敬三，号安恕，一位以智慧与仁爱著称的新城商人。在面对债务纠纷时，他选择了调解而非对抗，不仅化解了一场潜在的冲突，更彰显了其以和为贵、面向长远的人生境界。

余干县的胡钟，以其慷慨与同情，成为乡亲心中的英雄。其乡亲因债务被迫离乡时，胡钟毫不犹豫地追回了乡亲，归还了房契，焚毁了借据，用实际行动书写了"仁义"二字的真谛，赢得了乡亲的感激与敬仰。

刘光昌，字令则，一位来自余干县湾头的慈善家。他乐善好施，对于无力偿还借款的乡亲，从不苛责，反而在寒冷的冬日，帮助贫民过冬，温暖了无数家庭。刘光昌将数千两银子的债券付之一炬，彻底解除了乡民的经济负担，用实际行动诠释了仁义与宽容的力量。

李春华，一位在洪江、贵州等地广受人尊敬的商人。晚年返乡之际，他不仅慷慨解囊资助县内学子，更在离开之前，召集所有负债者，将万余两银子的债券悉数烧毁，以仁义之举，为自己的商业生涯画上了完美的句号。

这些故事，如同一首首悠扬的赞歌，回荡在洪江的每一个角落，凝聚成了洪商"里仁为美"的伟大精神。它们告诉我们，在追求商业成功的同时，要追求仁义与和谐，这才是真正的财富。这些故事，不仅丰富了洪江的历史文化，更为后世留下了宝贵的精神财富，激励着一代又一代的人，以仁爱之心，行善举之事，温暖这个世界。

胡哲启：和气生财，仁义留香

胡哲启，字以文，南昌人。胡哲启的名字或许已被岁月的尘埃覆盖，但他的故事，如同一缕清风，穿越时空，依旧在古城巷道流传，散发着"里仁为美"的芬芳。胡哲启，一个以仁义立身、以和气生财的典范，用实际行动诠释了"只要人情在，就有元宝攒"的真谛。

在湖广一带经商的日子里，胡哲启遭遇了一场突如其来的变故。一笔价值千两白银的货物，存放于一家商行之中，却被行户私自盗卖，这一事件对于任何商人而言，无疑是一次沉重的打击。然而，面对如此巨大的损失，胡哲启展现出超乎寻常的冷静与宽宏大量。同伴纷纷劝说他诉之官府，以挽回损失。但胡哲启选择了沉默，选择了垂囊而归，带着一份从容与大度，离开了是非之地。

胡哲启的选择，不仅是对个人利益的暂时放弃，更是对市场秩序与人际和谐的维护。他相信，只要人情在，即使眼前遭受损失，未来的机遇与财富也会随之而来。

果然，胡哲启的宽厚与诚信如同磁石一般吸引着众多商贾。在商海中，他的名声如同春日暖阳，逐渐升温，越来越多的人愿意与他携手共进，都想和他进行商贸往来。胡哲启的生意，也在这一过程中，如同滚雪球般越滚越大，达到了前所未有的繁荣。

然而，胡哲启的仁义之心，不仅体现在商业领域，更在社会公益中得到了淋漓尽致的展现。在他生活的周边，凡有穷人去世，无棺下葬，胡哲启总是第一时间伸出援手，不仅提供棺材，还慷慨解囊，资助丧葬费用。这份无私的善举，不仅在当时社会引起了广泛赞誉，更被载入了民国版的《南昌县志》，成为后世传颂的佳话。

胡哲启"里仁为美"的故事，如同一盏明灯，照亮了后人前行的道路。他以"和气生财"为舟，以"仁义"为帆，不仅在商海中乘风破浪，也在社会的很多角落，播撒着仁义与希望的种子。可以说，胡哲启的一生，充分诠释了"里仁为美"商道理念。

宽容与和谐：从胡哲启看古代商业道德

这里有个问题，胡哲启在遭遇财物损失后，选择了不告官，而是以一种宽容的心态去面对，这在某种程度上，是不是助长了不良分子的嚣张气焰？该如何看待此事？

确实，胡哲启的这一做法，引发了对商战与社会公正的讨论。可以从多个角度来理解。

胡哲启的决定，首先是基于对当时商业环境的考量。在古代社会的商业往来中，信誉与人际关系网的稳固至关重要。如果告官，可能会导致与同行之间的关系破裂，损害长期的商业合作。胡哲启的宽容，可能旨在维护与商界的整体和谐，确保未来业务的顺利进行。从这个角度来看，他的选择是为了更大的商业利益和长远的和谐关系。

古代社会的司法系统与现代相比，存在诸多限制。告官过程漫长且不确定，还可能面临官府腐败、判决不公等问题。胡哲启也许评估过告官的风险与收益，认为通过法律途径追回损失的成本，高于其损失的财货价值，再考虑可能带来的负面影响，如声誉受损、消耗时间和精力等，所以选择了息事宁人。

胡哲启的决定，也反映了他个人的价值观与道德信念。他也许更重视人际关系的和谐与个人品德的修养，而非单纯的财物得失。在儒家文化中，"里仁为美"强调的是仁爱、宽恕与和谐，胡哲启的行为可以视为对这一理念的实践，体现了对他人处境的同情与理解，以及对社会整体福祉的考虑。

尽管胡哲启的宽容，可能会被某些人解读为对不当行为的纵容，但从另一个角度看，他的行为也向周围的人传递了一个信息：通过个人的道德示范，可以引导社会向善。他的宽容不仅是一种个人选择，也是一种对社会的教育，在当时的条件下，鼓励人们在面对冲突时，优先考虑和解与宽容，从而促进社会的和谐与进步。

因此，在评价胡哲启的做法时，需要结合当时的社会背景和历史条件。他的决定可能在当时被视为明智和高尚的，但在不同的时代和环境下，同样的行为，可能会引发不同的评价。所以，我们对于历史人物的看法，应当全面考虑其行为的动机、后果，以及所处时代的社会规范和价值观。

胡哲启的选择，虽然在表面上看似放过了不法行为，但背后蕴含着对个人利益与社会和谐之间复杂权衡的考量，以及对个人品德与社会责任的深刻认识。这一行为体现了"里仁为美"理念在实践中的复杂性和多元性，同时也为我们提供了关于正义、宽容与社会进步之间关系的思考空间。

从宽容到维权：若在现代社会，胡哲启如何抉择？

商人胡哲启面对重大财产损失，选择了和解与宽容。如此选择，有个前提条件，就是在当时的条件下，是可行的。但在现代社会里，法律法规健全，当人们面临胡哲启的遭遇时，是选择和解与宽容，还是选择司法途径呢？

尽管时代变了，但在面对冲突时，仍然需要考虑不同的情境和前提条件。首先要确定一点，就是冲突的性质与严重程度。对于较小的纠纷，如邻里间的口角、工作中的小摩擦等，和解与宽容往往是更高效、更有利于维护人际关系的选择。若遇到严重违法，涉及人身伤害、重大财产损失或犯罪行为时，应优先考虑司法途径，以确保公正和法律的严肃性。

如果冲突双方都有解决问题的意愿，并且能够进行有效沟通，和解通常是一个可行且有益的解决方案。但当一方或双方拒绝沟通，或者存在明显的权力不对等，单靠和解可能难以达成公正的结果。

当然，每个人对于冲突解决的偏好不同，有些人倾向于通过和解维护人际关系，而另一些人可能更看重法律程序的公正性。不同的文化背景和社会期望，也会影响人们在面对冲突时的选择，某些文化可能更加重视和谐与集体利益，而其他文化可能更加强调个人权利和法律正义。

和解有助于修复受损的关系，为未来合作奠定基础，尤其是在长期合作关系中尤为重要；而司法途径往往耗时较长，且可能带来较高的经济成本，包括律师费、诉讼费等。所以，现代社会中解决冲突时，应根据具体情况综合考量。在轻微冲突和双方愿意沟通的情况下，优先考虑和解与宽容；而在严重违法行为或沟通无效时，应果断选择司法途径，以维护个人权益和社会正义。

潘蓉庭：用行动书写洪江慈善史

在洪江古商城的历史典册中，潘蓉庭的名字如同一缕和煦的阳光，温暖了众多苦难者的心田。这位出身江西丰城的洪商，早年经历丧父之痛，于 1895 年孤身前往洪江，在熊记布店开启学徒生涯。凭借不懈努力和诚信品质，他逐渐在商业领域崭露头角，最终成就非凡。

然而，潘蓉庭的传奇并非仅限于商业。面对军阀勒索，他坚守原则，拒绝妥协，赢得了社会广泛尊重。更令人敬佩的是，他将商业成功视为回馈社会的契机，毅然投身慈善事业，自民国时期洪江红十字会成立后，便担任重要职务，直至新中国成立。

潘蓉庭的慈善之举，涵盖了医疗援助、教育支持、灾害救援等多个维度，每一项义举都倾注了他对社会的深切关怀与对生命的无限尊重。面对贫困家庭的阴霾，潘蓉庭慷慨解囊，为他们驱散生活的寒意。

民国十七年（1928），洪江地方政府和驻军创建贫民工厂，后因款项被鸦片商侵吞，工厂停办。民国二十五年（1936）5 月，洪江各界绅商再度筹办贫民工厂，潘蓉庭为之奔走呼号，动员杨恒源油号老板杨竹秋等捐款，工厂得以再次开工，生产毛巾、袜子、肥皂等日用商品，为失业者铺设了一条通往自立的道路，不仅解决了就业难题，更点燃了他们心中的希望之火。

公共安全，是他心中另一份沉甸甸的责任。在那个消防设施落后的年代，潘蓉庭高瞻远瞩，建立了义务消防队，这支队伍如同守护神一般，出现在每一次火灾现场，用汗水和勇气捍卫着民众的生命财产安全，让城市在夜幕降临时也能安享宁静。

潘家宅院位于高坡宫，始建于清光绪元年（1875），是洪江著名绅士潘蓉庭的宅府。
潘家宅院是一栋木质穿斗结构的二进三层楼房，环境幽静雅淡，装饰朴实简约。
图为潘家大院中堂门。

每当洪灾肆虐，家园破碎，人心惶惶之时，潘蓉庭总是第一个站出来，用实际行动书写人间的大爱。他不仅为灾民送去急需的物资，更送去了一份温暖与希望。在潘蓉庭的努力下，贫困者获得了医疗的庇护，孩童们在免费学堂里汲取知识的甘霖，饥饿的民众得到了饱腹的慰藉，病弱者在庇护所中找到了安宁。他甚至组织人员，收殓曝野尸骨，让逝者入土为安。这份对生命的敬畏令人动容。

潘蓉庭的慈善事业，不仅是一连串具体的行动，更是一种精神的传承，一种对社会的承诺。他的善行，如同种子播撒在广袤的土地上，生根发芽，绽放出一朵朵希望之花，并提醒着我们，无论时代如何变迁，那份对弱势群体的关怀与爱护，永远不应被遗忘。

新中国成立后，即便年事已高，潘蓉庭仍积极参与慈善，如1952年在抗美援朝大会上的慷慨解囊，彰显了深厚的家国情怀。2006年，洪江进行古商城开发，为纪念其贡献，其故居"潘家客栈"被更名为"潘存德堂"，永载史册。

洪江育婴堂：洪商仁义与责任的见证

清光绪五年（1879），洪江的两位知名商人，张书与欧阳钟，目睹了无数弃婴和孤儿的悲惨命运，心中涌起了深深的同情与责任感。他们深知，每一个生命都是宝贵的，每个孩子都有权利被爱、被关怀。

于是，两人发起倡议，呼吁洪江社会各界共同参与，设立洪江育婴堂，旨在为这些无助的生命提供庇护与关爱。

翌年四月，在众人的共同努力下，洪江育婴局正式成立，不久后更名育婴堂。这个慈善机构得到了油商、木商等行业商家的慷慨解囊，当时洪江张积昌油号，一次就向育婴堂捐赠了白银 1800 两，为当地社会带来一股暖流。

育婴堂按照"堂婴"与"赡婴"的方式收养幼婴，前者由堂内雇用的乳妇精心照料，后者则由其父母或亲友抚养，但育婴堂会定期提供衣物、食物等生活必需品，以及一定的经济援助，确保孩子们能够健康成长。

据《洪江市志》记载，光绪六年至十三年（1880—1887），洪江育婴堂共收养了323名赡婴,他们来自会同、黔阳、麻阳、溆浦、邵阳、芷江、绥宁，以及贵州、江西等地。同时，堂内还收养了 133 名堂婴，尽管条件有限，许多孩子还是得到了及时的关爱与保护。

光绪十九年九月，兵部尚书兼都察院右副都御史、湖南巡抚吴大澂亲自撰写了《洪江育婴堂记》，高度赞扬了张书与欧阳钟等人的仁爱之举，以及育婴堂对社会的深远影响。他指出，真正的仁者，是那些能够将对自家孩子的爱，推广到对所有孩子身上的善人。这种"幼吾幼以及人之幼"的精神，正是育婴堂设立的初衷与灵魂。

张书与欧阳钟的事迹，是洪江商人的一段佳话。在历史长河中，洪江育婴堂成为一座不朽的丰碑，见证了人性中最光辉的一面——那就是在困难与挑战面前，人类能够团结一心，以仁爱之名，创造希望与光明。

洪江育婴堂的故事，是对"仁义"二字最生动的诠释。它告诉我们，无论时代如何变迁，人心中的善良与正义永远不会消逝。在每一个需要帮助的生命面前，我们都有能力伸出援手，共同编织出一个更加温暖、更加美好的世界。让我们铭记这段历史，让仁爱与慈善的精神，永远照亮人间。

1945 年保育院第四十三号女婴及抚养人合影。保育院前身为育婴堂，由洪江巨商张书于光绪五年（1879）牵头本地商人共同倡办，主要收养弃婴。民国时期改名为保育院。

洪江育婴堂于光绪五年（1879）筹建，第二年得到官府批文，投入运营。从光绪六年到光绪三十二年（1880—1906），洪江育婴堂堂养、赡养婴儿一共2470名，不包括寄养、自养的婴儿，数量高于常德郡城育婴堂和长沙靖港从善育婴堂。偏远湘西的洪江育婴堂，成为湖南最著名的育婴堂。民国之后，育婴堂更名为保育院。图为1947年保育院全体合影。

第十二章

福泽乡梓
洪商的孝道与桑梓情

百行之首：孝道，传统社会道德的基石

孝道在古代中国占据着极其重要的地位，它是儒家伦理体系的核心之一，被视为"百行之首"，即所有道德行为的基础。孝道不仅仅是一种家庭伦理，它深植于古代中国社会的各个方面，对个人品格的塑造和社会责任感的培养有着深远的影响。

舜，是中国远古时期的帝王，他的父亲瞽叟和他的继母多次企图害死他，但舜始终以孝顺的态度对待他们。即使在他们屡次陷害之后，舜仍然在父亲生病时回家照顾，并且在他的努力下，最终感化了家人，使他们放弃了恶意。舜帝的孝行感动了天地，被后世尊称为"孝感动天"。

孝道强调对父母的尊敬、顺从与赡养，这被认为是一个人道德修养的起点。在儒家思想中，孝被视为修身、齐家、治国、平天下的第一步。通过孝顺父母，个人可以学习自律、忍耐和自我牺牲，这些都是自我提升和个人成长的重要组成部分。

孝道能促进家庭内部的和谐，进而扩展到邻里、社群乃至整个社会的和谐。一个孝顺的人可能倾向于展现出更多的同理心和合作精神，这对于构建稳定和谐的社会至关重要。中国传统文化中，家庭与国家被视为不可分割的整体。孝不仅是对家庭成员的义务，也被延伸到对国家的忠诚和对社会的责任。因此，孝顺父母的行为被视为对国家和社会做出贡献的体现。

孝顺的人往往被树立为社会的典范，以激励他人效仿，从而在社

会中形成忠孝的道德风尚。历史上，许多孝子的故事被广泛传播，用以教育后人，弘扬孝道精神。

孝道的实践还包括对弱势群体的关怀，比如照顾孤儿、老人和贫困者。通过这种外化的孝行，个人的社会责任感得到体现，同时也促进了社会福利和公共利益。

孝道强调代际之间的相互尊重和责任，不仅要求子女孝顺父母，也鼓励父母为子女树立良好的榜样。这种代际传递有助于社会文化的连续性和稳定性。

孝道不仅可塑造个人的品格，使之成为有道德、有责任感的公民，而且通过个人的行为可影响社会的道德风貌和整体福祉。在当代社会，尽管家庭结构和社会环境发生了变化，但孝道的精神依然具有重要的现实意义，它提醒我们珍惜家庭关系，承担社会责任，以及在快速发展的社会中保持人文关怀。

洪商张书：展扩孝道，照耀商海

张书，这位来自江西临川的洪商巨擘，因创建了洪江著名的育婴堂，为世人所知。除此之外，他的孝行也被人们所乐道。

张书自幼丧母，但获得了继母的悉心照料，张书将这份超越血缘的母爱视如珍宝，发誓用行动践行孝顺美德，这份至纯至真的情感，成为他日后人生航程中的指南针，引领他不断探索孝道的真谛。

成年后，张书怀揣梦想，勇闯洪江，凭借超凡的胆识与智慧，创立了"诚致行"，主营桐油贸易与钱庄，短短数年间便成就一番伟业，名震一方。然而，在张书眼中，财富绝非终极追求，而是承载着责任与使命的载体。他坚信"财乃天地之公器，非一人独有"，并将此信念付诸实践，倡导财富共享，用以济世安民，而非个人私欲的满足，这份高尚的情操，成为他教育后代的宝贵财富，影响深远。

张书虽为洪商巨贾，却始终保持着俭朴的生活作风，一日三餐从简，拒绝奢华铺张，这份节俭不仅是对自身品德的修炼，更是对"勤俭持家"古训的恪守与传承。尤为感人的是，当他得知父亲病危的消息时，不顾路途遥远，毅然抛下繁重的商务，千里迢迢奔赴汉口，只为能在父亲床前尽孝：端茶倒水，尽心尽力伺候。这份拳拳赤子心，不仅感动了亲人，更是触动了无数的旁观者。

张书对家族的关怀，同样体现了他超越血缘的深情厚谊。兄长早逝，他义不容辞地承担起照顾兄嫂与抚育侄儿的重任，这份兄弟间的手足情深，感人肺腑。不仅如此，张书每年都会慷慨解囊，为堂兄弟购置产业，确保他们拥有安稳的生活，这份对家族成员的无私关爱，展现了他身为一家之主的责任感与担当。

徐东甫：母慈子孝，乡梓情深

徐东甫及其兄弟的成长之路，始于一份伟大的母爱。在其父早逝之后，生活的重担全然落在了母亲聂氏肩上。聂氏，这位普通农村妇女，用她的勤劳与智慧，支撑起了整个家庭的天空。她不仅要照顾家人的生活，更要在无数个晨曦与黄昏中，穿梭于田间地头与山林之间，辛苦劳作，收获希望之果。

尽管聂氏的文化水平并不高，但她深谙家风的重要性，以身作则，教导孩子们勤俭节约，不忘根本。她常说："无论走到哪里，都不能忘记家乡的味道。"这份朴素而真挚的教诲，深深地烙印在徐东甫的心中，成为他日后行事为人的准则。

徐东甫的成功，是孝道与智慧的结晶。当他成为"百万巨富"时，并未被财富冲昏头脑，反而更加珍惜与母亲的每一刻相聚。他将聂氏从江西老家接到洪江，陪伴她度过每一个晨昏，直至母亲安然离世。这份无微不至的孝顺，不仅让聂氏享受到了天伦之乐，更向世人展示了真正的富裕不只是物质的堆砌，而且包含心灵的富足与亲情的滋养。

然而，徐东甫的仁心善举并未止于此。他深知，财富的意义在于分享与回馈。于是，他以徐荣昌油号为基础，开创了济春堂药行，秉持着"济世救人"的初心，为百姓的看病吃药提供便利。此外，徐东甫还慷慨解囊，独资修建石桥，铺设石板路，为乡亲们的出行带来了极大的便利。

徐东甫的故事，是一曲关于孝道、乡梓情与社会责任的赞歌。他用自己的一生，践行了"饮水思源，反哺社会"的崇高理想，为后人树立了学习的榜样。

李启贤：孝道之光，辉映人生

李启贤，字致仁，万安县人，生活在清嘉庆年间。其非凡的孝行与高尚的品德，书写了一段流传千古的佳话。生于斯，长于斯，李启贤不仅在商界留下了诚信经营的美名，更以孝顺至诚之心，成为乡邻眼中的楷模。

李启贤自幼离家，踏入商海，在湖南等地开创了自己的事业版图。他秉持诚信为本的经商之道，待客如宾，绝不欺瞒。在洪江开设的商号，见证了他那说一不二的定价原则，即便面临潜在顾客的离去，他也坚守原则，从不妥协。这份坚定与正直，最终赢得了市场的尊重与信任，店中生意越发兴隆，声誉日隆。

尽管商场风云变幻，李启贤却始终保持一颗耿直之心，与世俗的精明机敏格格不入。他的生活，虽有盈余，却仅够维持家计，直到中年，才渐渐积累起一定的财富。而后，他明智地将商业重任托付于侄子三阳，自己则携家人回归田园，过起了耕读传家的恬淡生活。

李启贤身形魁梧，胆识过人，不仅在商场上游刃有余，在生活中亦是如此。一次途经高沙镇，目睹二人争斗，他毫不犹豫地上前制止，用行动诠释了正义与勇敢。然而，李启贤最为人称道的，还是他对父亲无微不至的孝顺。在其父晚年病痛缠身之时，启贤虽奔波于生计，却从未忽略对父亲的关怀，定期回家亲自照料父亲的饮食起居，确保老人晚年无忧，这份孝心感动了无数乡亲。

归乡后的李启贤，依旧保持着他那忠厚正直的本色，对人以善，对事以诚，展现了真正的君子风范。八十四岁，无疾而终。李启贤的一生，是孝道与正直的完美融合，是品德与智慧的双重彰显。

而他的妻子朱氏，同样是一位不可多得的贤内助。她温柔体贴，勤勉持家，对公婆孝顺有加，对子孙慈爱有加，使得家庭和睦，邻里称赞。朱氏以她的智慧与勤劳，操持家务，让李启贤在外经商时无后顾之忧，这份默契与支持，无疑是李启贤能够全身心投入事业与孝行的重要基石。

李启贤与朱氏的孝道与美德，成为世代相传的佳话。在他们的身上，我们看到了孝道的真谛——它不仅是一种家庭伦理，更是一种社会责任，一种对生命的尊重与热爱。

刘氏父子：洪商之魂，乡梓之情

央视上映的《一代洪商》以其深邃的历史底蕴与动人的情感描绘，将一段尘封的商界传奇呈现在世人面前。在这部剧中，刘云湘的形象犹如一座丰碑，不仅承载着洪商的商业智慧与家国大义，更深刻展现了洪江儿女对故乡的深情厚谊。而刘云湘的原型，正是那位在清末民初叱咤风云的洪商巨擘——刘岐山。

刘岐山，生于晚清，这位来自江西新干县的商界奇才，以其恪守德义的经商理念与慷慨解囊的社会责任感而闻名于世。在那个动荡的年代，在洪江创立了赫赫有名的庆元丰油号，更将财富化作福祉，兴办学堂，修缮农田，加固防洪堤坝，援助受灾家庭。

刘岐山不忘故土的养育之恩。在他的资助下，新干县城的振国小学迎来了一座名为"岐山"学舍的教学楼，为孩子们提供了更为优越的学习环境。此外，他还独资修建了新干河西的杨家桥，解决了当地居民出行的难题。每当西门河岸发生坍塌，刘岐山总是第一时间伸出援手，捐资修复，确保民众的生命财产安全。

刘岐山在洪江奋斗了半个多世纪，他的根虽在江西新干，他的魂却留在了湖南洪江。1920年5月14日，刘岐山在洪江安然逝去。旅居洪江的新干籍商贾及乡亲，惊闻讣讯，纷纷追悼。"惘惘然若失所倚恃。"刘岐山的灵柩下葬于洪江岩山脚沙角上，墓地上矗立着令人

刘岐山（1847—1920年），江西新淦人（现江西省新干县），晚清洪江庆元丰油号创始人，19世纪末洪江首富。他是个义道的商人，有着一般商人不及的德行。

肃然起敬的"墓表"石碑——《大总统奖给匾额褒彰请诰授通议大夫刘公墓表》。

刘岐山的五子之中，尤以次子刘雪琼最为人称道。他继承了父亲的庆元丰油号。在经营洪油生意中，刘雪琼不但选贤任能，还不断优化管理。为降低原料成本，他在辰溪县属南庄坪开设榨坊，将麻阳河周围产区收得的桐籽进行加工。又在沅水支流沅水流域产区、贵州省的青溪和湖南境内的新晃、波洲、托口等地设立榨油坊，节约运输成本70%，

并为当地农民创造了许多就业机会。

凭借着"庆元丰"的稳健经营与个人的不懈努力，刘雪琼逐步崛起，成为一方豪商。发家致富后，他继承了父亲的慈善精神，在荒年之际，慷慨解囊，资助族人渡过难关。无论是修建祠堂，还是铺设石路，刘雪琼都倾力相助，为家乡发展添砖加瓦。

洪江大桥位于沅、巫二水交汇点以南150米处，横跨巫水，居市中心，是连接城区东西两岸的纽带。未建桥之前，两岸居民来往皆以舟为渡。民国时期曾用木船、木板、缆绳搭设简易浮桥。民国二十年（1931），由洪江商会发起修桥倡议。商界极力赞助，刘炳煊、刘雪琼等洪江油商，共筹10万余银圆，于民国二十二年动工兴建，翌年4月23日落成，称雄溪桥。

根据《新干文史资料》记载，抗战爆

20世纪20年代，岐山学堂学生合影。刘岐山来到洪江后，白手起家，他善于捕捉商机，成为洪江一代巨富。刘岐山与人为善，热心公益，1919年，曾捐建洪江岐山学堂。

发后，刘雪琼的"庆元丰"即遭不幸。国民政府认为"洪油"有资敌嫌疑，便将作为大油行老板的刘雪琼抓了起来，关押在重庆。后虽沉冤昭雪，但也花费甚巨，刘雪琼自身亦在狱中受尽折磨，元气大伤，回来不久即病逝。

但是，刘岐山父子的孝道善行的故事，至今还在江西新干、湖南洪江一带流传。他们不仅是洪商辉煌历史的缩影，更是深厚乡梓之情的体现。在他们身上，我们看到了商人与社会之间的良性互动，看到了财富背后的人文关怀与社会责任。刘岐山与刘雪琼，用实际行动诠释了何为"洪商之魂"，何为"乡梓之情"。他们用行动证明，无论身处何方，无论身份地位如何变化，都不应忘记自己的根，不应忽视对家乡的回馈与贡献。刘岐山与刘雪琼的故事，是对所有企业家和社会精英的启示，提醒大家在追求个人成功的同时，更要关注社会公益，关心家乡发展，让个人的成就惠及更多人。这，或许正是"洪商之魂"与"乡梓之情"的真谛所在。

第十三章

兴学重教
从封建时代到现代社会

洪商杨氏父子：兴学重教，泽被后世

在湖南洪江这片古老而繁华的土地上，曾有一位洪商巨擘，他不仅以商业上的卓绝成就闻名遐迩，更以兴学重教的深远影响，留下了难以磨灭的印记。他就是杨恒元，一位将商业智慧与教育情怀完美融合的传奇人物。

据《新干文史资料》记载，杨恒元，这位江西新干县夏塘走出的商人，不仅在洪江商界留下了浓墨重彩的一笔，更以对教育的深切关注，成为后人追忆的佳话。在他看来，教育是提升家族地位、保障后代出路的关键，也是促进社会进步的基石。因此，尽管常年奔波于商海，杨恒元却从未忘记教育的重要性，在自家设立私塾，邀请县中名宿如习公庸、邓钟锷等担任教师，为家乡子弟提供了优质的教育，展现了他的远见卓识与进步思想。

然而，杨恒元的教育情怀并未局限于家族之内。他心系乡梓，慷慨解囊，捐资兴建了新干县学前巷的文昌宫。这座宏伟的建筑，不仅承载着杨恒元对家乡教育事业的深情厚谊，更见证了他作为商人回馈社会的责任与担当。文昌宫曾是学宫、教育局、女子学校的所在地，其重要性可见一斑，成为新干县教育史上的一座里程碑。

杨竹秋继承了父亲的商业天赋与教育情怀，不仅在洪江商界创下赫赫声名，更在慈善与教育领域留下了浓墨重彩的一笔。作为赣才中学的首任董事长，杨竹秋不仅慷慨解囊，更亲自参与学校管理，确保

教育资源的优化配置。私立洪达中学、商达小学、豫章小学、复兴小学、雄溪女中……每一所学校都有杨家的"股份"，每一份捐赠都凝聚着他们对教育事业的无限热忱。

杨竹秋不仅自己酷爱阅读，对子女后代的教育同样倾注了大量心血。在他的悉心培养下，杨家子弟大多学业有成，在新中国成立后，纷纷走出洪江，成了各行各业的佼佼者，为社会主义建设事业做出了重要贡献。他们中不乏饱学之士与国家科技人才，是杨家教育理念的最佳注脚，也印证了杨氏父子兴学重教的深远影响。

杨氏父子的故事，不仅是一段商业传奇，更是一曲教育赞歌。在他们身上，看到了教育对于个人成长与社会发展的重要意义，也见证了商人阶层在教育领域所发挥的积极作用。杨恒元与杨竹秋，用实际行动诠释了"兴学重教"的真谛，为家乡培育了无数英才。

雄溪书院：洪商对教育的资助

在古老而繁华的洪江，教育的火种自古燃烧不息。明清时期，这里的教育以私塾为主要形式，这种深深植根于民间的传统教育方式，在洪江有着独特的表现形式。

洪江的私塾，大体上可以分为两种形式。第一种是"延师设塾"。富裕的商贾往往会聘请有学识的名师，在家中设立私塾，他们不仅教育自家的孩子，也会接纳亲友的子女，形成一个小规模的学习群体，学生人数从几人到几十人不等。教师的薪酬和膳食，多由商家承担，或由学生共同缴纳学米来支付。这样的教育模式灵活多变，根据东家子女的需要，学习年限可长可短。

另一种形式则是"设馆招生"。有志于教育的学者们会选择合适的地点开设学堂，接受邻里的孩子入学。学生们会按照教师的要求缴纳学米作为学费。这些学堂通常设立在寺庙或公共房屋中，没有固定的开设时间。那些在教学上有所成就的私塾，往往会吸引众多学生慕名而来，这样的学堂能够经久不衰。

清乾隆十八年（1753），会同知县陈于宣，在洪江马羊山（今洪江一中）创建了雄溪书院，为洪江的文化教育注入了新的活力。33年后，会同知县宋昱与洪江巡检范力恕，绅商粟荣铭、杨仕杰等人，

雄溪中学十五班毕业学生留别合影。

购置坳上（今基督教堂处）的一处田园，将雄溪书院迁建至此。

书院拥有公田 80 余亩，岁可收租谷百余石，用以支撑院内经费开支。书院设山长，由县衙指派，为院内执掌者。山长聘请经师执教。学生习《四书》、《五经》、史、鉴、诗、赋，并习"八股文"以应考。

洪江雄溪书院的学堂经费，除公田收入外，再由县里拨款一部分，私立学堂经费则由商界集资解决，私塾经费均取自塾生家长。

光绪二十八年（1902），雄溪书院遵循政府命令，改为会同县立高等小学堂。

民国初期，洪江的各大会馆和地方绅士们纷纷响应号召，积极捐资办学，推动了教育事业的快速发展。这一时期，洪江的教育进入了一个新的阶段，商贾们对教育的重视和投入，为这座古镇培养了一批又一批的知识分子，他们成为推动社会进步的重要力量。

洪达中学：洪商创办的最"牛"中学

在艰苦的抗日战争岁月里，洪江，这座位于湘西腹地的古城，见证了一段由洪商巨擘与地方乡绅共同书写的教育传奇——私立洪达中学的诞生与发展。1938 年前后，随着战事的蔓延，大量难民涌入洪江，失学青年的困境引发了社会的广泛关注。在这一背景下，洪江的乡绅与商界领袖们挺身而出，发起了一场兴学救国的壮举，私立洪达中学应运而生。

1938 年 3 月，洪达中学的招生通告首次发布，宣告了这所承载着希望与梦想的学府正式启航。校董会汇聚了洪江八大油商中的精英人物，如刘炳煊、吴克成、徐余松、杨竹秋、刘雪琼等，其中，刘雪琼更是出任首任董事长。在各方人士的慷慨解囊与洪商的鼎力支持下，洪达中学迅速聚集了办学所需的资源，展现出强大的生命力。

洪达中学的"公、忠、弘、毅"四字校训，不仅凝聚了创校者的教育理念，更成为洪达中学师生共同的精神追求。它告诫每一位学子，要以公而忘私的胸怀、忠以报国的信念、弘以立志的勇气、毅以负重的决心，砥砺前行，成长为国家的栋梁之才。

为确保教学质量，洪达中学不惜重金聘请了一批毕业于国内外名校的优秀教师，其中包括美国硕士毕业的顾亚秋、国立复旦大学毕业的高鸿勋等，师资力量之雄厚，堪称当时湖南之冠。同时，学校还致力于图书馆、科学馆等基础设施的建设，为学生提供了优越的学习环境。1949年，学校甚至组建了一支音乐队，成为当时湘西地区唯一的专业音乐团体，展现了洪达中学在艺术教育领域的独特风采。

私立洪达中学（现洪江区一中）首任校长杨汉辉。杨汉辉参与筹办洪达中学并出任校长，为筹资、师资、办学审批和教学设备、教学质量等做出了贡献。

抗战期间，驻扎在雪峰山的国民革命军第四方面军司令王耀武（1948年9月，王耀武在济南战役中被解放军俘虏。1959年获特赦，任全国政协委员）的两个儿子就读于洪达中学。学校对他们的悉心照料，让王耀武很受感动，当他听说学校还缺建体育馆的资金时，当即答应去募捐。后来，王耀武真的找了不少商号，筹集到了资金，交给了洪达中学。他还派出士兵协助学校建设体育馆，最终促成了"耀武体育馆"的落

1948年洪达中学学生晨操合影。

成，该馆直到1971年洪江制材厂修宿舍时才拆除。

从1938年到1950年，洪达中学历经十二载风雨，共培养了7436名毕业生，其中包括众多在各行各业发光发热的杰出校友。1951年，洪达中学与雄溪、赣才三校合并，更名为湖南省私立洪江中学，成为后来的洪江区一中。

洪达中学的故事，是洪商兴学重教理念的生动实践，它不仅为湘西地区培养了大量人才，更见证了教育在动荡年代中的坚韧与光芒。

在众多洪商与乡绅的共同努力下，洪达中学成为湘西地区民办教育的典范，其影响至今仍被广泛传颂。

洪商会馆：大办教育，育才兴邦

1949年前，洪江的私立学校如繁星般点缀。其中，商达小学、复兴小学、赣才中学、雄溪女中、洪达中学等，不仅为当地培育了无数英才，更见证了洪江教育事业的繁荣与辉煌。在这些学校背后，是洪江商人们的慷慨解囊与倾力支持，尤其是徐荣昌油号，作为洪商中的佼佼者，屡屡出手成为支持教育事业发展的坚实经济后盾。

洪江的教育奇迹，离不开那些历史悠久的会馆。作为外来资金与人才的汇集地，这些会馆不仅是商人们的交流平台，也成为教育事业的重要支持者。洪江十大会馆，几乎每一家都曾涉足教育领域，它们利用自身资源，创办学校，为当地学子提供了宝贵的学习机会。这些学校分布广泛，从万寿宫码头附近的长湘小

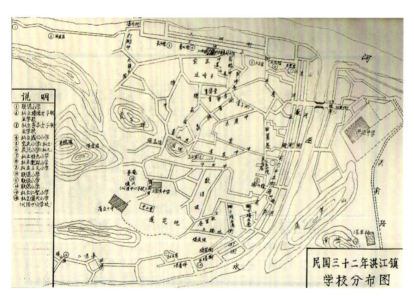

1943年洪江学校分布图。

学、鼎新小学，到岩码头太平宫的宝庆小学，再到一甲巷的辰沅小学、犁头嘴的惟光小学，每一所学校都代表着会馆对教育的承诺与热情。

除了会馆创办的学校，洪江还有其他众多私立学校，如商达小学、雄溪女中、洪达附小等，它们或由募款集资创建，或由族群兴办，各具特色。商达小学，以其严谨的学风与优秀的教学质量，深受家长与学子们的青睐，虽然后来停办，但复兴小学传承了商达小学的教育精神，成为新一代的教育明星。

值得一提的是，国际红十字会洪江分会的参与，为洪江的教育事业注入了国际元素。他们创办的平民小学，面向贫困家庭开放，为无

法负担学费的儿童提供了平等的学习机会，展现了教育的普世性与人文关怀。

尽管民国时期洪江的教育事业呈现出一片繁荣景象，但校舍条件的限制与经费的不足，仍然是不可忽视的挑战。多数学校不得不"因陋就简"，将会馆、寺庙甚至戏台改造为教室，以满足教学需求。然而，这些困难并未阻挡教育的光芒，相反，它们激发了洪江教育界的创新精神与团结协作，共同为学生营造了温馨而富有活力的学习环境。

洪商当中，有很多是饱学之士，他们被誉为"儒商"，更加重视教育，代表人物有：张书和杨竹秋。张书是太学生；杨竹秋是清末秀才，后毕业于湖南法政学堂。

在洪江的教育篇章中，我们看到了会馆与商人的社会责任感，以及他们对教育事业的无私奉献。这些学校，无论是由会馆创办，还是由商人资助，抑或由族群与民间力量合办，都在洪江的土地上播下了知识与希望的种子，为后世留下了宝贵的遗产。

封建时代，商人为何热心投资教育？

这个问题，触及了中国古代社会结构、价值观与经济发展之间复杂而微妙的关系。在中国古代，尤其是封建社会，社会阶层划分明显，遵循着"士农工商"的等级制度，其中"士"（知识分子和官员）处于社会的顶层，而"商"则排名最低，这反映了当时社会普遍存在的"抑商"思想。

尽管如此，商人阶层在经济活动中的重要性不容忽视，他们通过商业活动积累了财富，并在一定条件下，能够对社会产生积极影响，尤其是在教育领域。

商人社会地位较低，但较为富有，所以他们渴望通过教育投资，培养"士"人，以提升家族地位。商人的经济基础，以及他们在社会上所遭遇的各种封建盘剥，使得他们有更大的决心，培养能走向仕途的后代，开办私塾、教育后人的积极性尤高。

随着商业活动带来的财富积累，一些商人开始意识到自己对社会的责任。他们通过捐资助学，不仅提升了自身的社会形象，也表达了对社会的回馈和对教育事业的支持，这种行为被视为一种社会责任感

1946年省立十中师生聚餐场景。湖南省立第十中学，1941年秋创办于洪江。为洪江及邻县培育了一大批人才。1950年1月，会同专区公署接受省立十中，私立洪达中学高中部学生及任课教师并入。1952年11月，省立十中改名湖南省洪江市第一中学，为当时洪江唯一的一所纯中学。同月，该校奉令在黔阳县安江镇枫树坪建新校。1953年6月21日，该校由洪江迁往新址，结束了在洪江办校的历史任务，1953年12月，该校更名为黔阳县第一中学。

湖南私立雄溪女子初级中学校第三班及附小第七班结业学生合影。

雄溪中学十五班毕业学生留别合影。

的体现。

教育被视为一种长期的投资，能够为商人带来长远的社会效益和经济效益。通过资助教育，商人不仅能够提升家族的整体文化水平，还能培养未来的商业伙伴、官员和知识分子，为自身的商业活动和社会关系网带来正面影响。

商人阶层中的一部分人，尤其是那些已经积累了相当财富的大家族，希望通过教育传承家族的文化和价值观。资助教育不仅能够培养下一代的才智，还能够灌输家族的道德观念和商业智慧，确保家族的持续繁荣。

随着时间的推移，尤其是明清时期，随着商品经济的发展，商人的社会地位逐渐有所提升，社会对商人的看法也逐渐发生变化。一些商人通过教育和科举考试，成功地将家族成员送入官场，从而打破了原有的社会阶层固化，这进一步促进了商人阶层对教育的重视。

商人重视教育的行为背后，反映了商人对社会地位提升的渴望、对社会责任感的认识、对教育作为长期投资的洞察，以及对家族荣耀和文化传承的重视。这种现象是商品经济文化发展与传统教育文化进步共同作用的结果，值得进一步研究探讨。

商学并重：现代社会的教育投资

当代商人，尤其是港商、台商等，曾在内地大量捐建教学楼，捐款希望工程，其背后的动机和原因，与古代商人有所不同，但同样复杂多元。首先就是社会的责任感与公益精神。当代商人普遍接受过现代教育，更易于接受社会责任的概念。他们认识到，作为社会一分子，企业或个人在追求经济利益的同时，也应该回馈社会，促进社会的公平与进步。教育是社会发展的基石，投资教育被视为一种重要的公益行为。

在全球化的背景下，企业越来越注重品牌形象和企业的社会责任。在教育领域进行投资，不仅可以提升企业的公众形象，还能吸引消费者和人才，增强品牌的正面认知，这对于企业的长期发展具有战略意义。

许多港商、台商可能在内地有出生、成长或祖籍背景，他们对故乡有着深厚的情感联系。投资教育不仅是对故乡的一种回馈，也是对个人成长经历的一种纪念。这种情感驱动，往往与社会责任感相结合，

复兴小学，创建于1936年，1941年代理洪江国民中心学校，1950年更名洪江第二完全小学，1951年更名洪江第二中心小学，1953年更名洪江茅庵街完全小学，1964年更名洪江幸福路完全小学，已经历风雨88年。

成为捐资助学的强大动力。

当代中国经历了快速的经济增长，但也伴随着城乡、区域间教育资源的不均衡。商人捐建教学楼和希望工程，有助于缩小教育差距，为贫困地区的孩子提供更好的学习环境，促进教育公平，进而推动社会整体的和谐与进步。

政府为了鼓励私人资本参与公共事业，尤其是教育领域，往往会提供税收减免、荣誉表彰等激励措施。这些政策鼓励也可能成为商人投资教育的一个考量因素。

从企业的长期发展角度来看，投资教育有助于培养未来的消费者、员工和商业伙伴。通过支持教育，商人们不仅在短期内提升企业形象，也在为未来的人才市场和市场需求做准备。

总之，当代商人的捐资助学，不仅体现了商人对社会的回馈，也反映了企业与社会之间更加紧密的联系，以及对可持续发展和社会责任的重视。

1948年湘乡小学师生合影。

洪达留洪校友于1950年3月29日合影。

第十四章

诚实守信
洪商的百年承诺

诚实守信：洪商商道的基石

江右商帮非常讲究"商德"，注重诚信。洪商大多数来自江西，在历史悠久的洪江古商城，商行林立，而其中流传最广、最受尊崇的经商格言莫过于"吃亏是福"。这不仅是一句简单的口头禅，而是江右商帮世代恪守的处世哲学，它深植于每一次交易之中，彰显了一种超脱物质利益的精神追求。江右商人以赊销为常见交易方式，约定还款期限，无论是债权人还是债务人，皆秉持着按时履约的严谨态度，这种高度的责任感确保了商业活动的顺畅运行，营造出一片诚信为本的商业绿洲。

信用，不仅是商人的信条，它还是江右商帮的灵魂。尽管古代商界不乏失信之举，但在江右商帮中，讲信用被视为不可动摇的商业法则。老字号与大商号自然以信用为重，即便偶有小商号或新兴商家涉足欺诈，一旦查证属实，商帮将迅速行动，轻则敦促改正，重则集体排斥，以此维护市场秩序。

江右商帮的诚信形象深入人心，这种信誉如同无形的资产，支撑着江右商人的立足与发展。江右商帮以信义为先，诚恳待人，公正交易，价格透明，绝不虚报。无数事例证明，唯有诚信才能赢得长久的信任与繁荣。

新城人吴大栋，父母去世时，生意上欠了别人债务。十几年后，他回家还债，而债主已经去世，其家属也拿不出借据，甚至从未听说此事，吴大栋可以不还，但是，他觉得做人还是要言而有信，坚持偿还了这笔债务。

万历四十年（1612），乐平籍商人蒋寿，拾得装有一百两白银的皮匣，他不为所动，耐心等待失主归来。即使失主欲以半数银两作为酬谢，他依然婉拒。

浮梁茶商朱文炽，在茶叶销售时，一旦发现货物过期，必在契约上注明"陈茶"，避免误导顾客。

临川张氏兄弟，在汉口的一次纸业贸易中，面对额外收入的百两银子，毅然归还货主，展现了高尚的商业道德。

清江的杨俊之，游走于吴越闽粤各地，二十余载商旅生涯，始终坚守诚信，即使面对危难，亦慷慨解囊，排忧解难。

以诚为本，方能信立天下。江右商帮深知，唯有真诚待人，方能收获他人的信任与尊重，从而奠定稳固的商业基础。在变幻莫测的商海中，江右商人把"诚信"的商业理念，带到了洪江。

清水江文书与洪商的契约精神

在贵州东南部的清水江流域，自明清以来便孕育了一种独特的商业文化和精神，这就是诚实守信与契约精神。这一精神的明证，就是该地区遗留的大量明清以来的各类契约文书，尤其是那些涉及林业管理和贸易的文书，它们不仅记录了历史，更是诚信理念的直接体现。

清水江文书，以其庞大的数量和丰富的内容，成为研究明清时期中国南部社会经济、法律制度、民族关系等方面不可或缺的珍贵史料。这些文书覆盖了从明朝末年直至民国时期的近四百年历史，见证了清水江流域各族人民在农林混作经济、木材贸易以及生态环境保护等方面的智慧与实践。

这些契约文书涉及土地、山林、木材、房产等的买卖、经营、典当、分账等，数量庞大且内容丰富，展现了高度的民间法治化和契约化特征。这些契约文书，代表了我国古代社会，通过自我约定和共同制定规则来维护交易秩序的法制化实践，体现了早期的契约精神。

洪商在长期的商业实践中，深刻理解到诚实守信对于建立和维护商业关系的重要性。他们严格履行合同条款，即便有时面临损失，也坚持信守承诺，这种行为模式，在当时的商业环境中树立了良好的口碑，也为洪商赢得了广泛的信任和尊敬。正如历史文献中记载的案例所示，洪商在交易中表现出的诚信精神，成了他们区别于其他商帮的独特标志。

在现代社会，虽然法律制度已经完善，但诚信和契约精神依然是商业交往中的基石。清水江文书不仅为我们提供了历史的镜鉴，更启示我们，在任何时代背景下，诚实守信和契约精神都是促进社会经济健康发展的关键要素。洪商的诚信故事，至今仍在提醒我们，在追求经济效益的同时，不应忽视商业道德和社会责任。

汉票洪兑：洪商与钱庄之间的信誉之锚

洪江古商城，因商贸的繁荣而声名远扬。随着商人财富的积累，钱庄应运而生，成为这座商城经济中的重要一环。自清光绪三年（1877）洪江首家钱庄创立以来，至清光绪三十一年（1905），钱庄业如雨后春笋般迅速发展起来，数量达到 21 家。到了民国三年（1914），洪江古商城的钱庄数量更是增至 23 家。

据《湖南实业志》所载，当时资本最为雄厚的钱庄为洪江的鸿记钱庄，其资本额高达三十万元。鸿记钱庄由长沙的张姓巨商独资经营，业务遍布上海、汉口、重庆等大中城市，资金调拨灵活，与洪江众多油号保持着紧密的合作关系，足见洪江钱庄行业的资金实力之雄厚。

在早期清水江木材贸易中，白银曾是主要的流通货币。然而，自嘉庆年间起，白银中灌铅掺假的现象时有发生，加之白银携带不便，因此交易中开始大量使用"期票"，即"汉票"和"洪兑"。这两种票据由湖北汉口和湖南洪江的钱庄发行，逐渐替代白银在清水江中上游的林区市场流通。

下游木商前往林区采购木材时，通常会将白银或现金存入汉口钱庄，领取"汉票"。抵达洪江后，他们再将"汉票"兑换成"洪兑"。有些木商也会选择将货物运至洪江后直接兑换成"洪兑"。在清水江中上游的苗、侗林区，"洪兑"成为购买木材的主要支付手段。

林区商人获得"洪兑"后，便可前往洪江进货。而洪江商人则使用"汉票"向武汉进货，从而形成了一个以兑票为信任纽带的商品流通环节。

汉票和洪兑之所以深受木材商人的喜爱，主要归功于其便捷性和灵活性。由于木材商业贩运周期长、资金量大，汉票和洪兑便顺理成章地取代了白银，在沅江上游的贵州清水江市场广泛流通。这一流程不仅简化了交易过程，还加强了各地商人之间的信任与合作。

随着时代的变迁，清光绪三十四年（1908），湖南官钱局在洪江设立分局，主要办理存款和汇兑业务。民国元年（1912），湖南官钱局改组为湖南银行，洪江官钱局也随之改为湖南银行洪江分行，成为洪江的第一家银行。到了民

民国军阀混战时期社会动荡不安，其间各省各地军阀和割据政权都发行了自己的货币，因此导致民国纸币系统非常混乱，纸币种类繁多，达3000余种。直到民国二十四年（1935）实行法币政策，才一定程度上结束了纷繁复杂的货币制度。图为钱庄在洪江发行的纸币。

国二十二年（1933），湖南银行在洪江设立汇兑处，逐步取代了钱庄的汇兑业务。从此，钱庄的数量逐渐减少。

汉票与洪兑是洪江经济史上的重要篇章，体现了商人与钱庄之间深厚的信任与信用关系。这种信任是商业活动的基石，让生意得以更加顺畅地进行。

诚信经营：洪商早期的商标与品质认证

在洪江古商城，每一砖一瓦都诉说着往昔商贾云集的繁华景象。这里，商人不仅精于计算，更重诚信经营。店铺门前，常悬挂对联，如"货真价实，信誉好，产销畅通；斗满秤平，商德高，买卖兴隆""货有高低三等价，客无大小一样亲"等，无不彰显出洪江商人的道德追求与商业哲学。他们坚信"君子爱财，取之有道"，在追求财富的同时，始终恪守道德，拒绝一切不正当手段。

洪油业的发展是洪江商帮诚信经营的缩影。以制造方法来说，桐

油有生桐油、熟桐油之分；以品质而言，有正牌、副牌之别，正牌为熟桐油，副牌为生桐油。洪油在制作过程中，严控道道工序，严把质量关，最后经过检验师（也称签字客）检验合格后，用木制的圆桶包装。这种木桶用特制的材料进行密封，可以防止洪油渗漏。桶外贴有品牌商标和生产商号，色泽光亮，美观大方。每桶油净重60斤。然后，装船运往汉口、镇江、上海等地销售。有的还出口远销到韩国、澳大利亚、加拿大和新加坡，驰名中外。

生桐油，即将油桐籽剥去外壳，取其桐仁，经过碾碎压榨制获得。生桐油涂在物体表面，也能干结成膜，但干得缓慢，而且油膜很软，光泽不强，耐水性差。经过熬炼，则为熟桐油，性能有很大提高。

优质洪油的主要特点是：色泽金黄，清澈明亮，具有良好的防潮、防腐、防蛀等特性，并无污染，对人体健康无任何危害，成为房屋、船舶、农具和家具理想及安全的绿色涂料。房屋涂敷洪油后，可以不生白蚁；船舶涂敷洪油后，可以避免苔藓、海螺等水族生物的侵蚀，经久耐用，深受消费者的青睐。

熟桐油的熬制工艺，各商号不尽相同，故熟桐油的质量差异较大。很多油号具有独家工艺，他们很看重自己油品的质量，为与其他油号区别开，各油商精心打造自己的品牌标识。著名的洪油品牌有：杨恒源的"顶尖牌"，庆元丰的"岐山鸣凤牌"，徐荣昌的"桐花牌"，复兴昌的"麒麟牌"等等，消费者对这些名牌油品十分钟爱，因其卓越品质，形成了对品牌的信赖。这些品牌一直是江苏镇江油市中的抢手货，商客争相购买，有的还以期货形式预付货款，颇得油商们的好评。

在洪江油业鼎盛时期，刘氏兄弟刘同庆与刘安庆分别创立了"鹦鹉"与"松麓"两大洪油品牌。兄弟俩不仅在产品质量上精益求精，更在商业信誉上下足功夫。有一次，一场突如其来的洪水，导致油料短缺，市场上油品价格飙升。面对这样的困境，刘氏兄弟没有趁机涨价，反而决定按照油票上的原价继续供应油品，哪怕这意味着短期内的亏损。

这一举动让许多持有刘氏油票的客户深受感动，他们纷纷传颂刘氏兄弟的诚信之举。消息不胫而走，刘氏油品的声誉达到了前所未有的高度，吸引了更多忠实客户。此后多年，无论市场如何波动，刘氏兄弟始终坚持诚信经营，最终成就了洪江油业的辉煌。

民国十一年（1922），洪江商界迈出重要一步，成立了"油帮公会"，旨在强化行业自律，提升整体品质。公会从油号与油行中各选举一名代表，担任年度监督员，负责监管行业内是否存在掺假行为。油商们在炼制洪油时，遵循高标准严要求，聘请经验丰富的验油师严格检验半成品油的质量，确保每一批油品的纯正。即便是面对成本压力，他们也坚决抵制掺杂使假的诱惑，这种对品质的执着追求，正是洪商诚信经营的最佳注脚。

洪江的木行同样发展出一套独特的品牌识别系统——"斧记"。每一根木材上，木行都会凿刻上独有的文字与图案，标记出木材的产地与材质。"斧记"是木行之间的信誉标志，不仅是木行的商标，也是对木材来源与质量的保证。但是，曾有一段时间，洪江木材市场上出现了伪造"斧记"的现象，严重损害了木行的信誉与利益。

面对这一危机，洪江木行的商人们联合起来，发起了一场声势浩大的"斧记"清理行动。他们一方面加强对木材的源头控制，确保每一块木材都能追溯至合法的伐木点；另一方面，与地方政府合作，严厉打击伪造"斧记"的行为。经过一段时间的努力，木材市场秩序得到了恢复，消费者再次对"斧记"充满信心。

这些"斧记"，如同现代企业的商标，不仅便于采购商识别，更成为衡量信誉的标准。通过认牌消费，消费者得以选择信誉良好的供应商，反过来也促使生产者不断优化产品和服务，形成良性循环。

洪商早期的商标与品质认证实践，充分体现了他们对诚信经营的重视。无论是洪油业的品牌建设，还是木材行业的"斧记"系统，都展现了洪江商人在商业活动中的道德底线与品质追求，为后世留下了一笔宝贵的商业文化遗产。

潘蓉庭：忠诚与诚信的光芒

1838 年，江西丰城县一隅的潘家，贫困潦倒。潘帮图，这位年轻的裁缝，怀揣着一把剪刀、一个熨斗和一副木尺，踏上了改变命运的征途。他从江西步行至湖南芷江，沿途的风景未能缓解生活的艰辛，但一份手艺让他得以生存。在芷江，他遇到了生命中的伴侣，熊家之女，两人携手共度风雨。

1880 年腊月初十，长子潘蓉庭来到人间时，芷江龙津桥不幸大火，家业顷刻化为灰烬。潘帮图只好溯沅水而上，携全家来到贵州镇远县县城定居，仍旧做衣谋生。后潘帮图意外去世，潘家更是艰难。

潘蓉庭经受住了家庭变故，在生活的重压下学会了坚强。他告别家人，搭船孤身来到洪江谋生，渴望在这个陌生的城市找到一线希望。经同乡介绍，潘蓉庭在江西籍老板开设的熊记布店，开始了学徒生涯。他每天起早贪黑，勤勉工作，从打扫卫生到接待顾客，每一项任务都完成得一丝不苟。夜晚，他利用微弱的灯光学习，练习算盘，渴望学习知识改变命运。他的忠诚与诚信，很快赢得了老板的信任。三年后，他被提拔为店员，随后更被委以重任，成为商务全权代表，展现出了非凡的业务能力。

19 世纪末，军阀割据，洪江亦未能幸免。面对强征军饷的威胁，潘蓉庭面临着生死考验。他深知，手中的资金并非私有，而是老板的信任与客户的托付。面对军阀的暴力，他毅然决然，誓死守护这份信任。即使被铁链捆绑，游街示众，遭受屈辱，他也没有妥协。这份忠诚与勇气，不仅保护了老板的财产，也赢得了社会的尊敬。许多商家看到他的忠贞与诚信，纷纷将投资委托给他，潘蓉庭的事业由此蒸蒸日上。

随着事业的壮大，潘蓉庭积累了可观的财富。然而，他从未忘记初心，心中始终铭记着那些曾经帮助过他的人。他开始投身慈善，用实际行动回报社会。无论是资助贫困学子，还是支持公共设施建设，潘蓉庭的善行遍及洪江乃至更远的地方。

潘蓉庭的故事，是洪江商界诚信与忠诚精神的生动写照。在人生的起伏中，他始终保持对事业的忠诚，对伙伴的诚信，对社会的责任，最终实现了个人的成功，并将这份成功转化为对社会的贡献。他的事迹，不仅是一段个人传奇，更是一份宝贵的精神财富，值得我们铭记和传承。

盛丰钱庄是洪江当时二十多家钱庄中最大的一家。

第十五章

现实如梦
洪江的烟土与戏台

烟土贸易，见利弃义的商界之耻

【洪江的烟土贸易】烟土，即鸦片，饱含罪恶与欲望，别称"土药""土膏"，因不正当，故有"特货"之称。

鸦片战争后，烟禁松弛，贵州、云南、四川等地广种烟土，洪江遂成其集散枢纽。自清咸丰年间起，直至民国，政府亦频繁以烟税填充军需，湘黔军阀与地方豪商相互勾结，严密把控烟土贸易，给洪江带来了一抹灰色。

民国二十九年（1940），湘西洪江地方的《西南日报》一篇评论记载："民国初年，军阀专横，拥兵割据，中央形同虚设，政令不出都门。政变迭生，法律失效。各省督军迫勒民间种植罂粟，按亩捐税，提倡吸食，按灯抽税。凭借所拥兵力，保护鸦片运销，视鸦片为勒财筹饷的工具，即战争之发生，多为争夺鸦片之利源所引起。"

又据《育婴小志》记载："太平天国起义时，材货阻而不下，关隘之贾绝踪，富商大贾，避地洪江，赁屋腾勇，几十倍常值。是时已开烟禁，榷税饷军，于是黔南云土药（土膏）络绎于途，修业而息之，居然与油、木相埒。"

当时，每斤论价（按质论价）20~30银圆，每1000两要交特税100~200银圆不等。

1855年，洪江见证了厘金局的设立，每担烟土需缴纳白银六十至七十两。民国初期，第五区司令周则范在洪江组建"保商大队"，表面以保护商贸为名，实则行征税之事。陆军师长陈汉章亦步其后尘，借保商旗号征收烟税，更携手商人李镇湘于谦益和钱庄中暗藏鸦片交易。

湖南军阀何健在邵阳设立特税处，其分支延伸至洪江，烟税征收网络密布。为进一步巩固利益链，何健成立了四路军总指挥部监护处，派遣兵力护航烟土，额外征收护运费。贵州军阀王家烈受何健之邀，入驻洪江，被委以"湘黔边区剿匪司令部"重任，借护送烟土之名，行军事支援之实，何健为其筹备军火，助其返黔争霸。

此间，蒋介石亦涉足其中，每月自特税中拨付三万银圆充作王家烈军饷，何健则另以护运费名义，每月补助两万银圆。

1920年，一支相当于团级编制的监护大队迁驻洪江，专司烟土护送，每一担烟土，重达35千克，贴有四路军总指挥部封条，以军用物资之名确保其从洪江至邵阳畅通无阻。

据统计，自1919年至1921年7月，短短两年半间，何健在邵阳与洪江设立的特税处及监护大队所征收的特税、护运费总额高达1150万银圆，其中洪江贡献近45%，足见洪江在烟土贸易中的核心地位与巨额利润。这一时期，洪江的烟土贸易，严重冲击了洪商文明，是洪江商界的另一面，是民国乱世的真实写照。

洪江的烟土贸易，造就了诸如锦盛隆、赵镇鑫、德厚福、怡兴昌等富商巨贾，也深刻影响了当地社会，造成了烟馆众多、鸦片泛滥的严峻现实。

统计数据显示，洪江烟土贸易从清光绪年间至民国，输出量从每年约6000担到高峰期的4万担，民国二十三年（1934），有2万担烟土通过洪江转手，价值高达1500万银圆。这一串串数字背后，除了利，不见一点儿义。

【福兴昌烟馆】福兴昌烟馆不仅是烟膏贸易的缩影，更是一个时代的印记。

始建于清嘉庆二年（1797）的福兴昌，是一座典型的两层窨子屋，建筑设计巧妙，内设豪华，是当时豪商巨贾的奢享之所。

福兴昌对烟具的选择非常精细，从烟灯、烟杆到每一个细微部件，皆采用上乘白铜，乃至银质，烟枪更是工艺精湛，不乏象牙制品，这样极致的奢侈，成了众多鸦片吸食者，败家弃业、沉沦堕落的"良"地。

作为昔日鸦片集散地的洪江，烟馆数量一度激增至 200 余家，吸食者众，成千上万的人沉迷其中，代表着那个时代社会的痛与悲。

1952 年，随着人民政府全面开展禁烟禁毒运动，洪江迎来了一场深刻的变革。公开处决贩运烟土者，销毁烟具与烟土，对吸烟者实施戒治，这一系列雷霆举措，终使百年鸦患在洪江画上了句号。福兴昌烟馆，连同那段沉迷与挣扎的历史，一同被封存于过往，成为警醒后人的教材，见证了过往的腐朽落后与当下的进步文明。

烟土贸易产生于清王朝腐朽的历史背景下，发展于军阀混战的动乱年代中，激发了不良商人的罪恶人性，残害了无数民众的身心健康，破坏了良好的社会风气，影响了国家命运与民族前途，可以说，烟土贸易史整个就是民族灾难史，它的兴盛程度是一个政权腐朽水平的最直接指征。

洪江梨园："四十八个半"戏台

【戏班云集】洪江，一座历史悠久的戏剧之城，其戏剧文化的繁荣可追溯至清康熙至乾隆年间，那时已有外来的艺术团体在此演绎辰河戏，随后常德汉戏与祁剧相继传入，与当地盛行的阳戏、木偶戏、皮影戏共织了一幅多彩的戏曲画卷。清末民初，京剧、话剧、歌剧等新兴剧种的引入，更为这片土地的文化景观增添了新的维度。

1872 年，洪江首个职业剧团——辰河大红班应运而生，标志着本地戏剧事业的正式起步。该班由辰河戏艺人组成，以其独特的艺术魅力赢得了洪江民众的广泛喜爱。辰河戏以其高亢激昂的高腔，结合弹腔、昆腔，配以锣鼓、唢呐等乐器，演绎出如《挑华车》《牧羊山》等经典剧目，令人回味无穷。同时，常德汉戏凭借扎实的武功、逼真的表演和洪亮的唱腔，在洪江的舞台上同样占有一席之地，尤其是全女演员阵容的妙元班，更是吸引了无数目光。

随着道光、咸丰年间商业的兴盛，洪江作为重要物资集散地，出现了"七冲八巷九条街，四十八个半戏台"的奇观。这四十八个半戏台，分布于各会馆、庙宇、祠堂以及慈善机构之中，每一个戏台都承载着特定社群的精神寄托与文化传承。其中，同乡会馆里戏台十八个、同业会馆十二个、庙宇寺观十三个、祠堂四个，育婴堂里也有一个戏台，而湖州会馆的戏台略小，只能算半个，这就有了四十八个半戏台的说法。

这些戏台不仅是祭祀活动中的灵魂，也是日常娱乐的重要组成部分。它们按照各自对应的节庆日程安排演出，短则三五日，长则月余，为洪江古商城带来不间断的视听盛宴。在繁忙的洪江，天王庙的戏台几乎每日开锣，成为过往商旅、船工和木排工人放松心情的首选之地。锣鼓与唢呐的旋律，交织成这座城市独有的背景音乐，见证了洪江作为商贸重镇的繁华与文化的深厚底蕴。

【辰河戏】作为洪江地区的文化瑰宝，辰河戏的历史可追溯至清同治年间，彼时一位来自会同的落第秀才刘本迈，心怀对戏曲的无限热爱，在洪江创立了声名远播的大红班，开启了辰河戏在这方水土的辉煌篇章。

光绪二十年（1894），另一位文化名家杨洪道接过传承的火炬，他曾任捕快、涉足商界，更以非凡魄力组建了人和班，其足迹遍布洪江、会同、靖州、黔阳乃至贵州的天柱、锦屏，辰河戏的名声因此更加远扬。

步入民国初期，天元班以其卓越的演出阵容——李天海、粟天福、刘元禄、罗元楚、杨元松等一众名家，继续书写辰河戏的辉煌。辰河戏以其独特的艺术魅力著称，高腔激越，弹腔悠扬，昆腔细腻，再配以锣鼓、唢呐、二胡、檀板等传统乐器，深受广大观众喜爱，诸如《挑华车》《牧羊山》《柴房别》等经典剧目，至今仍被广为传颂。

与此同时，常德汉戏的引入也为洪江的戏曲舞台增添了新的风采。常德紫云班、春华班首开先河，随后全由女性艺人组成的妙元班，更是以精湛的演技和扎实的功底赢得了观众的青睐，其代表人物杨金秀、周松秀、罗光荣等与《炮打两狼关》《牛头山救驾》《比武夺魁》等精彩剧目，一同载入了洪江的戏曲史册。

然而，在众多戏台中，太平宫戏台独树一帜，它坚持邀请祁剧班子在每年的祭祀活动中演出祁剧，成为洪江戏曲地图上一道独特的风景线，彰显了洪江对不同戏曲流派的包容与尊重。

【洪江木偶戏】又称棒棒戏，是一门深植于乡土，充满浓郁地方特色的戏剧艺术。它巧妙地融合了辰河与汉剧的唱腔，并有悦耳的乐器伴奏，常见于乡村的稻田广场或城镇的空旷之地，搭棚围帐，吸引四方观众。自清光绪年间至民国，诸如大顺班、大兴班、永福班、吉

洪江古商城历史上有四十八个半戏台，分布于各会馆、庙宇、祠堂以及慈善机构之中。其中天钧戏院是人气最旺的一个戏院。

庆班等名噪一时的木偶戏班，上演了《薛丁山征西》《包公案》等连台本戏，为观众带来了无数难忘的夜晚。

逢年过节或是商家庆典，特别是寿辰之时，木偶戏班便成了不可或缺的庆祝元素。商家们争相邀请，演出时长可从数日延续至一月之久，夜幕降临时，连台好戏轮番上演。街道上，若两班相遇，更会激起精彩的"斗戏"，各展所长，以精湛的演技和饱满的情感争夺观众的青睐。

戏台搭建简易而不失巧妙，选址于码头与街道交会的开阔地带，高约二丈的布篷架构，三面围合，留出面向观众的开放式舞台，后部两侧悬挂各式木偶，中央置一方桌，成为后台人员忙碌的小小天地。这样的设置既方便移动，又充满了浓郁的民俗风情。

据《溆浦县志》记载，早在清同治年间以前，此类表演已颇为活跃，清代举人邓大猷的《竹枝词》描绘了木偶戏班随行田间，风雨无阻，为丰收欢庆的场景，足见其深远的民间根基："梨园子弟不知耕，一担傀儡随处行，但过重阴风雨后，村村演剧赛秋成。"

戏班编制精简高效，一般由七至九人构成，各司其职，包括扮演生、旦、净、丑四大行当的演员，以及负责木偶装扮的"包扎"师傅，有时甚至由学徒兼任以节省开支。他们既是演员又是制作者，共同维系着这一古老艺术的生命力。

洪江木偶戏是中国戏曲文化多样性和交流融合的一个缩影，承载着丰富的历史记忆与文化价值。

【洪商与戏台】晚清至民国时期，洪商与戏台之间形成了紧密的联系。洪江作为湘西的重要商埠，因盛产优质桐油而闻名，吸引了大量国内外商人，形成了繁荣的贸易景象。随着经济的快速发展，财富的积累促使当地社会对于文化生活的需求日益增长，戏台作为传统娱乐和文化传播的重要场所，自然成为商人们展示财力、举办庆典和丰富精神生活的重要方式。因此，商人们常会在节日或特定场合聘请戏班进行演出，以此彰显自己的经济实力和社会地位。

戏台演出不仅是娱乐活动，也是商人之间社交和商业交往的平台。在看戏的过程中，商人们可以增进彼此了解，建立或巩固商业关系，甚至达成交易。戏台周围常常伴随着集市贸易，为商业活动提供了便利，使得经济与文化活动相互促进。

洪商群体不仅注重商业利益，还秉持"以义致利"的经营理念，强调社会责任与家国情怀。他们通过资助戏班、修建戏台等公益活动，既满足了民众的文化需求，又体现了对地方发展的贡献和对传统文化的传承。

随着商贸活动的频繁，洪江吸引了众多外来人口，其中包括大量的江西商人。这些移民群体往往通过赞助家乡戏班，或者在居住地建立与家乡相似的戏台，来维系对故土文化的记忆和身份认同，同时也促进了地方文化的多样性与交流融合。

晚清至民国时期，洪商与戏台之间的密切联系，是经济繁荣、文化交流、社会交往及乡土情感等多种因素交织的结果，展现了特定历史背景下，商业活动与文化生活互动交融的独特风貌。

第十六章

天人合一
万家灯火与和谐共生

洪江古商城：倚山而建，顺应自然

洪江古商城，一座镶嵌于山水之间的明珠，其选址与建造，完美诠释了中国传统哲学中"顺应自然"的智慧。古城依山傍水而建，不仅体现了古人对自然环境的深刻理解和尊重，更展现了人与自然和谐共生的理想状态。

洪江古商城尽得地利，背山面水，三面环抱于沅江与巫水，一面依偎于连绵起伏的山脉，形成了天然的屏障与滋养之地。这种布局不仅美观，更考虑了防御与生活的需求，体现了古人对自然环境的巧妙利用与敬畏之心。

古城内的窨子屋，是洪江建筑艺术的瑰宝，也是顺应自然理念的具象化表现。这些建筑依山而建，随地势起伏，巧妙地利用了山体的自然坡度，既节省了建筑材料，又减少了对山体的破坏。窨子屋四周高墙围护，内部设有天井，既保证了居住的私密性，又充分利用了自然采光与通风，展现了古人对自然环境的深刻洞察力。马头墙的设置，不仅美观，还具有防火功能，体现了实用性与审美观的统一。

洪江古商城的街巷布局，如同自然界的溪流，时而汇聚，时而分散，蜿蜒曲折，充满了变化与韵律。这些街巷与自然环境紧密相连，沿着山势与水岸延伸，形成了独特的城市肌理。街巷的尽头往往与码头相连，这是水陆交通的自然衔接点，体现了古人对水运重要性的认知，以及对自然规律的遵循。

　　洪江古商城内保存的古建筑群，不仅是中国江南民居古建筑的经典之作，更是天人合一理念的生动体现。这些古建筑历经沧桑，仍然保持着原有的风貌，见证了历史的变迁与文化的积淀。古窨子屋、钱庄、学堂、戏台、客栈等，构成了一个完整的生活与商业生态系统，展现了古人与自然和谐共处的生活方式。

　　洪江古商城，是一座活着的历史博物馆，它以自己的方式，诉说着"顺应自然"的古老智慧。在这里，每一砖一瓦、每一街一巷都蕴含着人与自然和谐共生的哲学思想。通过保护与传承，洪江古商城不仅保留了传统文化的精髓，更为现代人提供了一种与自然和谐相处的生活范式，启示着我们在快速发展的今天，如何更好地尊重自然，保护环境，实现可持续发展。

依山傍水：自然与艺术的交响乐章

　　当站在高处俯瞰洪江古商城，一幅壮丽而细腻的画卷缓缓展开在眼前。古城依山傍水，巧妙地顺应着自然地形，从山顶至江边，建筑群落如音符般跳跃，高低错落，起伏跌宕，构成了一幅充满节奏感与韵律美的视觉盛宴。

　　洪江古商城的建筑布局，仿佛是大自然与人类智慧共同谱写的交响乐章。从山巅向下，建筑物随地势而降，宛如一串串流动的音符，既有山的稳重，又不失水的灵动。这种高低错落的布局，不仅展现了建筑与自然的和谐共生，更在视觉上创造了一种动态的美感，让人感受到一种自然流动的生命力。

　　从高处眺望，洪江古商城的建筑群层次分明，色彩斑斓。古朴的青砖黛瓦在阳光下泛着柔和的光泽，与周围翠绿的山林、碧蓝的江水形成鲜明对比，构成了一幅幅色彩丰富的画卷。不同高

度的建筑，从远处的山峦到近处的江边，形成了丰富的视觉层次，每一层都有其独特的韵味，仿佛在诉说着古城的历史与故事。

洪江古商城的这种视觉美感，不仅是建筑艺术的展现，更是自然与人文和谐共鸣的结果。古城的每一处设计，都充分考虑与自然环境的融合，无论是沿江而建的码头，还是依山而设的街巷，都力求在视觉上与周围景观协调一致，达到天人合一的境界。这种设计理念，不仅赋予了古镇独特的艺术魅力，也使其成为研究人与自然和谐共生的珍贵样本。

洪江古商城，以其独特的地理位置和建筑风格，展现了一种与自然和谐共生的美学追求。从高处俯瞰，古镇的美不仅在于其建筑的精致与巧思，更在于它与自然环境的完美融合，以及由此产生的视觉与心灵的双重震撼。这不仅是一次视觉上的享受，更是在提醒我们，在追求美的同时，也应学会聆听自然的声音，尊重自然的节奏，与自然和谐共生。

窨子屋：天人合一的建筑诗篇

古商城内的窨子屋群，不仅展现了明清建筑的独特魅力，更体现了传统哲学在城市规划中的运用，成为研究中国古代城市文明的珍贵样本。

窨子屋的设计，充分考虑了与自然环境的和谐共存。它们依山傍水，巧妙地融入地形，减少对自然生态的干扰，同时也充分利用自然条件，如自然通风和采光，营造出舒适宜人的居住环境。这种设计思路，不仅是对自然规律的尊重，也是对生态环境的保护，体现了古人智慧与自然的深度融合。

上图：窨子屋又有"印子屋"一称，从空中俯瞰如同一颗方正的印章。
下图：覆盖着琉璃瓦的干天井。

窨子屋的屋顶设计匠心独运，坡面构造不仅美观，更利于雨水的自然收集与排放，有效防止水土流失，保障了周边环境的稳定。墙体的厚实设计，则在冬日保暖，夏日避暑，自然调节室内外温差，减少了对人工能源的依赖，展现出古人对自然法则的深刻理解和应用。

明末清初以来，随着经济的繁荣和人口的增长，窨子屋的设计不断演变，以适应新的需求。这些造型别致、独具特色的建筑，不仅保留了明清时期的古风古韵，更融入了创新元素，展现了中国建筑史上的重要突破。它们既是历史的见证，也是文化传承的载体，反映了古人对生活品质的追求和对自然环境的敬畏。

窨子屋内部设计精妙，功能齐全，体现了古人对生活细节的关注和对居住舒适度的追求。从实用的防火防盗设施，到精心布置的天井、晒楼，再到富有艺术气息的装饰，无不展现出窨子屋主人的生活品位和文化修养。它们不仅提供了安全舒适的居住空间，也成为展示地方文化的重要窗口。

保存至今的窨子屋群，不仅是洪江古商城的一道亮丽的风景线，更是研究中国历史、文化和建筑艺术的宝贵资源。它们见证了中国古代社会的变迁，承载了丰富的历史文化信息，对于了解中国资本主义萌芽时期的社会经济状况具有不可估量的价值。

窨子屋，作为洪江古商城的现实载体，不仅是建筑艺术的瑰宝，更是"天人合一"哲学思想的生动体现。它们以一种近乎诗意的方式，展现了人与自然和谐共生的美好愿景。

留园，洪商留下的生态园林

在洪江古商城的一隅，隐藏着一处名为"留园"的生态园林，它不仅是自然与人文的完美融合，更是天人合一理念的生动体现。这座庭院式建筑群坐落于"塘冲"，远离喧嚣的都市，独享一方静谧。四座窨子屋、两栋木楼、两栋木质平房、一栋吊脚楼、一栋三层木质晒楼，以及一座花园、一块大草坪和两条宽敞的青石板走廊，构成了留园的独特风貌。它既区别于洪江的其他窨子屋建筑，又迥异于苏州园林和北京四合院的风格，是洪江古商城中独一无二的存在，甚至在湖南省内也难觅其匹。

留园巧妙地依山而建，充分利用地形优势，内部平坦开阔，砖木结构的宅第展现出朴素之美。青瓦灰墙，简单却精致，所有构建仅用砖、瓦、水、石，摒弃了金属的痕迹，更显自然和谐。虽处低洼之地，但留园排水系统设计得当，即便暴雨山洪，室内外也无积水之忧，展现了古人对自然规律的深刻理解和顺应。

步入留园，迎面而来的是质朴的大门，门楣上"留园"二字透露着低调的奢华。门内，木质吊脚楼与天桥、青石台阶交织，引领着访客深入这座生态园林的腹地。花园的设计匠心独运，长方形的空间被鱼池巧妙分割，卵石小径蜿蜒其间，连接左右两个部分。设计者巧妙地搭配了落叶树与常绿树，以及花期各异的花卉，使得留园四季如春，生机盎然。即便是隆冬时节，这里也依旧绿意盎然，让人心旷神怡。

　　鱼池作为留园的点睛之笔，长方形的轮廓中，假山、金鱼、莲花相映成趣，构成了一幅生动的水景画。池畔的青石板上，雕刻着鱼龙花鸟、应景诗词与处世名言，增添了文化气息。夏日荷叶田田，江风送爽，这里是游人驻足流连的绝佳去处。

　　洪江留园，不仅是一处静谧的生态园林，更是洪商文化与天人合一理念交融共生的生动例证。留园的创建者刘岐山，作为洪江巨贾，他的经商之道与留园的设计理念一样，强调顺应自然、追求和谐共生。留园的存在，不仅是对自然美景的追求与再现，更是洪商文化在物质与精神层面的双重展现。

　　可惜的是留园的一些建筑及景观已经消失在沧桑的历史岁月中，仅留下一座窨子屋，以供后人凭吊。

留园遗存。

第十七章

家国情怀
洪商的爱国之情和社会担当

金融烽火："桐油贷款"背后的抗战故事

在电视连续剧《一代洪商》中，刘云湘以桐油为媒介，向美国寻求贷款，以实际行动支持国家的抗日斗争，这源于真实的"桐油贷款"事件原型，展现了洪商深厚的家国情怀与卓越贡献。1939年2月8日，中国与美国签订的《桐油借款合约》，中国以22万吨桐油为担保，成功从美国进出口银行贷款2500万美元，这笔资金的到来，缓解了抗战艰难时刻的经济压力，彰显了洪商在国家危难之际的责任与担当。

1938年，日本全面侵华一年后，中国沿海重要口岸相继沦陷，对外联系几乎断绝，仅剩下滇缅公路最后一条物资通道。面对严峻的局势，中国急需卡车、油料及运输零配件，以维持抗战的生命线。在这一背景下，桐油，这一中国特有的战略资源，成为中国获取外界支持的重要交换物。1939年，正是通过桐油这一特殊的抵押品，中国获得了美国的首笔贷款，用以修建滇缅公路和购置运输车辆，为抗战补给线的畅通提供了关键支持。

为了促成这笔贷款，国民政府委派陈光甫与驻美大使胡适，同美国财政部部长摩根索展开了艰苦谈判。在谈判桌上，中国当时能够拿出的最有价值的抵押品便是桐油，从中可见国土沦陷之广、抗战之艰难，也证明了桐油的重要经济价值。虽然，国民政府预期获得更多的贷款，奈何求人办事，没有公平一说，仅仅争得了2500万美元，且为期五年，利率4.5%，中国则须承诺五年内向美国出口22万吨桐油。

合约签订后，陈光甫成立复兴商业公司，并在洪江设立湖南省分公司，由当地油商负责桐油的生产加工工作，洪商们以卓越的品质要求和不懈的努力，确保了桐油的稳定生产和出口，为国家赢得了宝贵的资金支持，书写了实业救国的爱国篇章。

坚韧的山城：洪商与民众支持抗战

在艰苦卓绝的抗战岁月中，湖南洪江这座被誉为"湘西唯一之商埠"的山城，以其独特的地理优势和雄厚的商业基础，成为抗日战争中不可或缺的力量。据洪江区史志档案局主编的《洪江区近代工商业历史档案汇编》第四辑"民国同业公会"记载，抗战期间，洪江的工商业展现出蓬勃生机，洪油、竹木、特货三大行业尤为兴旺，带动了整个市场的繁荣。

彼时，洪江已拥有包括洪油业、钱业、绸布业、药材业、书纸业、金银首饰业、苏广业、木业、油盐杂货业、烟业、酒业、衣庄业、瓷铁业等在内的十九个同业公会共计300余家工商店号入会。这些公会不仅在调节行业内部关系、保障和促进行业利益方面发挥了重要作用，更为组织民众支援抗战提供了坚实的平台，为国家的抗战事业做出了贡献。

然而，洪江的繁荣并未逃过日军的觊觎。日军情报部门将洪江视为眼中钉，欲图摧毁这座战略要地。国民政府得知消息后，迅速采取措施，通知洪江商会，将所有窨子屋的外墙涂成黑色，以减少山城在空中侦察时的显眼程度。

这一举措，使洪江在1939年年底至1940年年初，面对日军轰炸袭击时，侥幸躲过一劫。敌机因难以辨认目标，误将炸弹投向黔城河对面的登龙桥，而非洪江山城本身。

洪商们也积极参与到抗战的各项活动中，特别是在著名的1945年"雪峰山会战"中，无论是物资供应、资金筹集，还是民众动员，都展现了湘西人民的团结与坚韧。

抗战时期，洪江各界成立"抗敌后援分会"，开展抗战"献金""献机"等捐款和各项劳军活动，还有一日捐、航空捐、临时捐等各种募捐。商界为荣誉军人捐款一项就达2.7万元（法币）。洪江为芷绥师管区

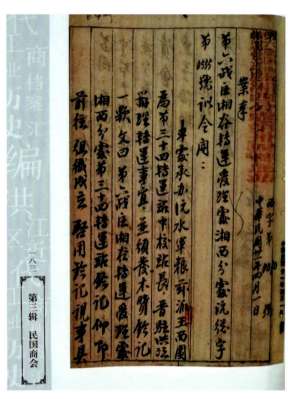

所在地，洪江商人主动承担了区内各县壮丁来洪集训所需的各项费用。

从 1942 年至 1945 年日本宣布无条件投降的三年多时间里，洪江商会在第六战区的直接领导下，全面动员全城商人参与"保家卫国，支援前线"的行动，为雪峰山战役筹措了大量粮食和物资，确保了前线的后勤供给，为战役的胜利做出了巨大贡献。《洪江档案汇编》第三辑"民国商会"收录的公函多次提及"本处承办沅水军粮""以利粮运"，充分证明了洪江商人在抗战时期对前线的有力支援。正是军民的紧密团结，才成就了伟大的抗日战争胜利，也铸就了抗战史上的一段佳话。

据《洪江档案汇编》之第三辑"民国商会"公函影印件记载：民国三十一年（1942）四月一日第六战区湘谷转运管理处湘西分处沅总字第 0555 调令开：本处承办沅水军粮前派王西圆为第三十四转运站中校站长，进驻洪江办理转运事宜，在洪江市木栗冲第十九号组织成立第六战区湘谷转运管理处湘西分处第三十四转运站，以利粮运，此致洪江市商会的公函。

在那个特殊的历史时期，洪江商人与民众共同书写了一段全民抗战的不朽史诗。

洪江，抗战时期重要的战略后方与民族工业的摇篮

日本全面侵华后，日军凭借其先进的武器装备、良好的军队素质、先进的战略战术，以及不怕死的武士道精神，从华北、华南、华东等多个方面向中国军队发起了进攻，并迅速取得了主要战场的绝大多数胜利，虽然没有"三个月灭亡中国"，但攻占了大半中国国土，特别是最为富庶的东部地区几乎尽落敌手。在这一背景下，国民政府紧急部署，将各大、中城市的重要工厂、学校迁移至相对安全的后方山区，以图保全国家的工业与教育命脉。湖南洪江，这座位于湘西的山城，

因未被敌军占领且资源丰富，成为众多迁徙工厂与民众的避风港。据《洪江档案汇编》第一辑"国民工业"记载，长沙、衡阳、湘潭等地的工厂纷纷转迁至此，与洪江本地的八大油号、十大会馆的爱国商人联手，兴办了上百个工厂、加工厂和作坊，涵盖机械、针织、造纸、陶瓷、卷烟、日用化工等多个领域，极大地促进了洪江民族工业的发展。

洪江的民族工业在抗战期间展现出蓬勃生机，其中不乏颇具规模的企业。例如，洪江造纸厂，资本雄厚，达到10余万元，采用纯手工生产，日产量可达50刀，产品包括土报纸、书面纸等，主要销往重庆，为战时的信息传播提供了重要保障。而洪江合群酒精厂，同样资本丰厚，每日可产酒精100加仑，产品悉数由第六战区军事机关采购，为前线医疗与军需供应做出了重要贡献。

洪江第二次抗美援朝代表大会工作人员合影（1951年）。

随着战争的持续，洪江这座原本宁静的小山城，因涌入的成千上万难民而变得拥挤不堪。据记载，抗战中期，洪江的人口峰值一度达到了15万之众，其中包含庞大的难民群体。洪江商会不仅组织人员设立粥棚，为难民提供基本的生活保障，还积极安置体力较好的贫困民众进入工厂工作，帮助他们自食其力，重拾生活的希望。

洪江商会对抗日军属十分关怀与照顾，在商会的特别关照下，会同县抗敌军人家属棉织工厂应运而生。这家以抗属为主的企业，员工总数超过二百人，在战时为第六战区医院捐赠了大量医用纱布，为前线医疗救护做出了巨大贡献。工厂运营经费完全来源于地方捐助和各类捐税，这份对国家和民族的无私奉献，使得洪江商人的美誉传遍湘西，成为抗战时期的一股温暖力量。

洪江，这座山城在抗战时期扮演了重要角色，不仅是民族工业发展的热土，更是无数家庭与企业共克时艰、守望相助的见证。

赤子之心：洪商在抗美援朝中慷慨解囊

在洪江文物管理部门的珍藏中，有一张泛黄却意义非凡的收据——《中国人民银行洪江支行代收武器捐款收据》（编号：洪捐字第1606号），日期定格在1951年9月10日。这张收据不仅记录了一段历史，更承载着洪商深厚的家国情怀与对和平的渴望。

收据上清晰地记载，捐款金额陆拾柒万伍仟元，捐款单位为洪江爱怜医院，款项专用于购买飞机、坦克、高射炮等现代化武器，以支援抗美援朝部队。收据底部的注释表明，这笔捐款将直接汇往北京抗美援朝总会，用于前线的物资补给。

爱怜医院为民国三年（1914），由德国传教士海德恩创立，是洪江地区最早成立的私立医院。医院的建筑风格融合了德式教堂特色，占地广阔，总面积达1628平方米，由六栋建筑组成。爱怜医院不仅将西方先进的医疗技术引入洪江，为当地民众提供了优质的医疗服务，更在抗美援朝的关键时刻，以实际行动展现了其深厚的家国情怀，会同洪江商人慷慨捐赠巨资支持国家的正义之战。

1950年10月25日，抗美援朝战争拉开序幕。面对强敌，洪江各界的爱国主义精神被深深激发，全民动员，共赴国难。同年11月8日，洪江工商界积极响应国家号召，召开"抗美援朝、保家卫国"动员大会，与会者共同签订了坚定立场、加强生产、稳定物价等爱国公约，动员全城力量，为抗美援朝贡献力量。

抗美援朝战争期间（1950—1953年），洪江人民与工商各界以实际行动响应国家号召，纷纷慷慨解囊，捐资捐物。1951年10月，中共洪江市委发起抗美援朝捐献活动，全市共有26600人参与，累计捐款人民币24.74万元（按新币计算），超出计划的17.5%。

洪江市工商界的捐款总额高达17.6万元，尤其是洪油业，以7.5

1954年2月20日，洪江市各界人士欢送中国人民第三届赴朝慰问团合影。

万元的捐款额位列首位，彰显了洪商的责任与担当，更是体现了商界对国家的支持与热爱。

洪商的家国情怀，如同流淌在血液中的信仰，无论是在抗日战争的烽火岁月，还是抗美援朝的艰难时刻，从未缺席。他们的每一次慷慨解囊，每一次坚定的行动，都是对祖国深情的最好诠释，也是对“家国天下”理念的生动实践。在历史的长河中，洪商们以实际行动证明，即便是在商业的海洋中航行，也不忘初心，始终怀揣着一颗赤诚的报国之心。

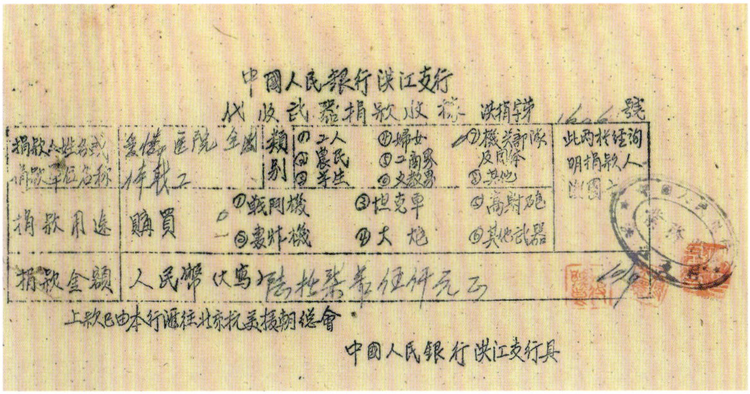
中國人民銀行洪江支行
代收武器捐款收據　洪捐字第1606號
捐款用途　購買　①戰鬥機　②轟炸機　③坦克車　④大炮　⑤高射砲　⑥其他武器
捐款金額　人民幣（大寫）陆拾柒万伍仟元
上款已由本行滙往北京抗美援朝總會
中國人民银行洪江支行具

这张票据内容如下：
中国人民银行洪江支行代收武器捐款收据
洪捐字第 1606 号
捐款人：爱怜医院全体职工
捐款用于购买：
1. 战斗机；2. 轰炸机；3. 坦克车；4. 大炮；5. 高射炮；6. 其他武器
捐款金额：陆拾柒万伍仟元
时间：1951 年 10 月 9 日
下方注明：该捐款由本行汇往北京抗美援朝总会

第十八章

兼容并蓄
洪商的开放与包容

洪江的地理馈赠与多元文化融合

在湘西大地，一条蜿蜒流淌的河流孕育了一片充满生机的土地，这里便是被誉为"七省通衢"的洪江。自古以来，洪江凭借其得天独厚的地理位置，成为连接南北、沟通东西的商贸重镇，吸引着来自四面八方的商贾与文化汇聚于此，共同编织了一幅丰富多彩的历史画卷。

洪江具有"七省通衢"的地理优势。洪江地处湖南西部，坐拥沅巫两水，北连洞庭，南接桂林，东通长沙，西抵贵州，地理位置优越，水陆交通便利。早在明清时期，洪江便因沅江的航运优势，成为湖南西部乃至整个西南地区的交通枢纽。船只往来频繁，商队络绎不绝，使得洪江成为货物集散地和信息交流中心，为多元文化的碰撞与融合提供了肥沃的土壤。

洪江的商贸繁荣，离不开其包容开放的文化氛围。自古以来，洪江便以一种海纳百川的姿态，欢迎着来自各地的商人和文化。这些商人不仅带来了琳琅满目的商品，更重要的是，他们还带来了各自家乡的习俗、语言和信仰，使得洪江逐渐成为一个文化的大熔炉。

在洪江，你可以听到四川的川剧，品尝到广东的早茶，看到福建风格的建筑，甚至还能感受到西域的异域风情。这些多元文化的交融，不仅丰富了洪江的地方特色，也促进了本地文化的创新与发展。例如，洪江的传统手工艺，如织锦、刺绣，便在吸收了各地技艺的基础上，形成了自己独特的风格。

洪江的多元文化，还得益于历史上多次大规模的移民潮。自宋代开始，由于战乱、灾害等原因，大量人口从中原迁徙至南方，其中不乏落脚洪江的移民。这些移民带来了中原的文化精髓，与当地民族文化相互融合，催生了独具特色的洪江文化。

到了明清时期，随着湖广填四川、江西填湖广等大规模移民运动，洪江再次迎来了文化的碰撞与融合。各地移民在这里安居乐业，不仅促进了经济的繁荣，也为洪江留下了丰富的文化遗产，如"五府十八帮""十大会馆"等，它们见证了洪江文化的多元与包容。

包容：不排外的城市精神

民谚"一个包袱一把伞，跑到洪江当老板"，生动形象地描绘了洪江这座城市的开放与包容精神，以及它对创业者的吸引力。这句谚语背后，蕴含着洪江深厚的历史文化底蕴和独特的人文环境，展现了这座城市对于外来者不设防的胸怀和鼓励创新、创业的土壤。

在古代中国，许多城市由于种种原因，对外来人口持有戒心，但

沅江大拐弯。

在洪江，情况大相径庭。洪江自古以来就是一个商贸重镇，它的繁荣很大程度上依赖于各地商人的汇聚。因此，"一个包袱一把伞，跑到洪江当老板"这句话，正是对洪江不排外、开放包容的城市精神的真实写照。

无论你是何方人士，只要带着自己的梦想和勇气来到这里，就能找到立足之地，甚至开创一番事业。这种精神，吸引了无数有志之士，他们带着简单的行囊，怀揣着对美好生活的向往，来到洪江，最终在这片土地上扎根生长，成为推动城市繁荣的重要力量。

"一个包袱一把伞"虽然简单，却寓意深远。它象征着创业者起步时的艰辛与朴素，但更重要的是，它传递出的信息是，即便条件再简陋，洪江也能为每一个人提供施展才华的舞台。这里的市场广阔、商机无限，无论是手工艺品的小摊贩，还是从事大宗贸易的大商人，都能在这里找到属于自己的位置。

洪江的包容性，不仅体现在对人的接纳上，更在于对各种商业形态的宽容和支持。这种环境，极大地激发了人们的创新精神和创业热情，使得洪江成为众多商业传奇的诞生地。

洪江的开放与包容，不仅体现在经济层面，更延伸到了文化领域。随着各地商人的涌入，不同的文化和习俗也随之而来。在洪江，可以看到各式各样的会馆和庙宇，它们不仅是各地移民的精神寄托，更是文化交流的平台。通过日常的交易、节日的庆祝、宗教的仪式，不同背景的人们在洪江实现了深层次的文化互动与融合。这种多元文化的碰撞，不仅丰富了洪江的地方特色，也促进了社会的和谐与进步。

"一个包袱一把伞，跑到洪江当老板"，这不仅是一句民谚，更是洪江这座城市精神的体现，是对外来者开放怀抱的承诺。在这里，每个人都有机会实现自我价值，每一种文化都有空间绽放光彩。洪江的包容之美，不仅让这座古城焕发了勃勃生机，更为后世留下了宝贵的精神财富，成为一段佳话，流传至今。

洪商在商业实践中的开放与包容

洪商在商业实践中展现出的开放性，首先体现在他们与外地商帮的广泛合作上。历史上，洪江作为湘西南的重要商业中心，吸引了来自全国各地的商人。面对这些外来者，洪商并没有采取封闭保守的态度，而是积极寻求合作机会，共同开拓市场。例如，洪商与徽商、晋商等其他地方的商帮建立了长期稳定的合作关系，通过资源共享、优势互补，实现了跨区域的商品流通和资金往来。这种合作模式，不仅扩大了洪商的商业网络，也促进了不同地区经济的交流与发展。

洪商的包容性还体现在他们对新技术、新资本的接纳与融合上。面对外来的新技术和管理模式，洪商不是固守传统，而是愿意学习借鉴，甚至主动引进，以提升自身的竞争力。

在资本层面，洪商敢于引入外地资本，通过合资、股份制等方式，与外地投资者共同经营，分享利润。这种做法不仅解决了资金瓶颈，也为洪商带来了先进的管理理念和市场经验，推动了企业的现代化转型。

在处理竞争与合作的关系上，洪商展现出了高超的商业智慧。他们深知，在激烈的市场竞争中，单纯的竞争往往会导致两败俱伤，而合作则能带来更大的利益。因此，洪商在面对同行竞争时，倾向于寻找合作点而非冲突点，通过建立行业规范、共享市场信息、联合采购等方式，维护行业的整体利益。

这种合作精神，不仅减少了不必要的内耗，还增强了整个商帮的市场影响力，使洪商能够在变幻莫测的市场环境中保持稳健发展。

在平衡本土与外来利益方面，洪商同样表现出了成熟的战略眼光。他们认识到，本土资源与外来资本的结合，能够产生强大的协同效应。同时，洪商还积极推动本地产业与外来技术的融合，鼓励创新，以提高本土产业的附加值，促进产品的升级。

洪江社会生活中的多元共存

在洪江，多元文化、民族习俗的共存，构成了一个丰富多彩、和谐共生的社会图景。洪商，作为这座城市商业文化的主体，不仅在商业实践中展现出开放与包容，更在社会生活中体现了对不同文化的尊重与欢迎。

洪江的宗教景观是多元共存的一个缩影。佛教、道教、基督教等多种宗教在这里并存，彼此尊重，互不影响。寺庙、道观与教堂错落有致，每逢宗教节日，信徒们各自行使自己的信仰仪式，却又能和谐相处，共同构成了一幅宁静祥和的画面。这种多元宗教的共存，不仅丰富了洪江的文化底蕴，也体现了洪江人民的宽容与包容心态。

在洪江，不同的风俗习惯并非隔绝，而是相互影响、相互融合。例如，春节时，既有汉族传统的贴春联、放鞭炮，也有少数民族的特色活动，如苗族的跳花节、侗族的芦笙节等。这些风俗习惯在相互借鉴中不断发展，形成了洪江独特的民俗文化。

此外，饮食文化也是一个很好的例证，洪江菜系融合了湘菜的辣、粤菜的鲜、川菜的麻，以及本地的特色食材，创造出别具一格的美食体验。

提到洪江的多元化，不得不提及"五府十八帮"与"十大会馆"。这些名称代表着洪江历史上不同地域商帮的集合，是洪江商业繁荣与文化多元的直接体现。这些商帮来自不同的省份，如江西、湖南、湖北、四川等地，各自保留着自己的商业习俗与文化传统。

然而，在洪江，这些商帮并没有因为地域差异而产生隔阂，反而在共同的商业活动中加深了相互的理解与尊重。商帮之间不仅在商业上互相合作，也在文化上互相借鉴，共同参与当地的公益事业，如修建道路、学校和寺庙，进一步促进了社会的和谐与文化的交融。

"十大会馆"则是这些商帮在洪江建立的会馆，它们不仅是商人们聚会、议事的场所，更是各自文化展示的窗口。会馆中举办的各种节日庆典、戏曲表演和书画展览，让洪江市民有机会接触全国各地的文化艺术，极大地丰富了当地的精神生活。这些会馆的存在，不仅是洪商社会多元化特征的实物见证，也是洪江作为一座开放包容城市的象征。

洪商精神在时代变迁中的传承与展望

在历史的长河中，洪商文化作为中国南方商业文化的重要组成部分，始终展现出强大的生命力和适应力。面对不同时代的挑战与机遇，洪商不仅继承了"海纳百川"的精神，更在适应变化中引领革新，实现了传统与现代的完美融合，保持了其商业活力和竞争力。

洪商的"海纳百川"精神，体现在其对多元文化的吸收与融合上。从古至今，洪江作为湘、黔、鄂、渝四地边区的商贸重镇，吸引了来自各地的商人和货物，形成了独特的商业网络。洪商不仅与本地的苗、侗等少数民族建立了良好的贸易关系，还与外地商人如徽商、晋商等保持着密切的合作，这种开放的态度使得洪商能够迅速适应市场变化，把握商机。

　　在现代化进程中，洪商并未固守传统，而是主动拥抱变革，引领

洪江自古就有舞龙的习俗。每到春节、元宵节等重大传统节日，各地的舞龙队就会在洪江的大街小巷进行表演。

行业革新。进入 21 世纪后，在电子商务兴起的时代，许多洪江企业迅速调整战略，利用互联网平台拓展销售渠道，实现线上线下一体化经营。不仅如此，他们还积极探索供应链优化、物流智能化等现代管理技术的应用，提升效率，降低成本，增强了企业的市场竞争力。

洪商在现代化进程中的另一大亮点，便是成功地将传统文化元素融入现代商业模式之中。一方面，他们注重保护和传承洪江的历史文化遗产，如洪江古商城建筑、传统手工艺等，通过文化旅游等方式，将这些资源转化为经济发展的新动力。另一方面，洪商也善于挖掘传统文化中的商业价值。

在文化产业和旅游业方面，洪商利用洪江古商城丰富的历史遗迹和民俗文化，打造了一系列文化旅游项目，如古城夜游、非遗文化体验等，吸引了大量游客，从而带动了当地经济的发展。

为了应对日益增长的物流需求，一些洪江企业引进了先进的仓储管理系统和自动化分拣设备，提高了物流配送的速度和准确性，为客户提供更优质的服务体验。

洪商在面对不同时代的挑战与机遇时，凭借其"海纳百川"的精神，

展现了卓越的适应力与创新能力。无论是对多元文化的融合，还是对现代科技的运用，洪商都成功地实现了传统与现代的结合，保持了其商业活力和竞争力。

在快速变迁的当代社会，洪商精神的"兼容并蓄、海纳百川"特质显得尤为珍贵。在全球化和信息化浪潮下，不同文化、技术、思想的碰撞比以往任何时候都要频繁，洪商精神倡导的开放态度和融合能力，为现代社会提供了宝贵的启示。

洪商精神教会我们，在坚守本土文化根基的同时，也要具备接纳和理解外部世界的能力。在全球化背景下，这意味着既要保护和传承优秀传统文化，又要学会从全球视角看待问题，吸收外部文化的精华，促进文化的交流与创新。

在经济发展层面，洪商精神强调合作与共赢，鼓励创新与改革。在新的历史条件下，这种精神鼓励企业打破地域界限，积极参与国际竞争与合作，利用全球资源与市场，实现自身的发展壮大。

洪商精神的"兼容并蓄、海纳百川"不仅是一种商业哲学，更是一种社会价值观，它在当代社会中仍然具有重要的指导作用。通过传承和发扬这一精神，洪江乃至更广泛的区域，都能够更好地适应全球化带来的挑战，抓住机遇，实现经济社会的持续健康发展。

未来，洪商精神将继续照亮前行的道路，引领洪江走向更加繁荣的明天。